www.ingramcontent.com/pod-product-compliance
Lightning Source LLC
LaVergne TN
LVHW010220070526
838199LV00062B/4668
* 9 7 8 9 3 5 8 7 2 7 5 4 8 *

نماز اور زکوٰۃ

(مضامین)

نثار احمد خاں سلفی

© Nisar Ahmad Khan Salafi

Namaz aur Zakath *(Essays)*
by: Nisar Ahmad Khan Salafi
Edition: May '2024
Publisher :
Taemeer Publications LLC (Michigan, USA / Hyderabad, India)

ISBN 978-93-5872-754-8
9 789358 727548

مصنف یا ناشر کی پیشگی اجازت کے بغیر اس کتاب کا کوئی بھی حصہ کسی بھی شکل میں بشمول ویب سائٹ پر اَپ لوڈنگ کے لیے استعمال نہ کیا جائے۔ نیز اس کتاب پر کسی بھی قسم کے تنازع کو نمٹانے کا اختیار صرف حیدرآباد (تلنگانہ) کی عدلیہ کو ہوگا۔

© نثار احمد خاں سلفی

کتاب	:	**نماز اور زکوٰۃ** (مضامین)
مصنف	:	**نثار احمد خاں سلفی**
پروف ریڈنگ / تدوین	:	اعجاز عبید
صنف	:	غیر افسانوی نثر
ناشر	:	تعمیر پبلی کیشنز (حیدرآباد، انڈیا)
سالِ اشاعت	:	۲۰۲۴ء
صفحات	:	۱۵۶
سرورق ڈیزائن	:	تعمیر ویب ڈیزائن

فہرست

افتتاحیہ
پانچ نمازیں قرآن میں
پانچ نمازیں حدیث سے
آیات قرض حسنہ
زکوٰۃ نہ دینے والوں کی سزا
نماز کی اہمیت
قرض حسنہ کی مثال
بخل کی مذمت
زکوٰۃ نہ دینے والے کافر ہیں
بنی اسرائیل کو بھی نماز اور زکوٰۃ کا حکم دیا گیا تھا
زکوٰۃ نہ دینا علامت قیامت میں سے ہے
پرہیز گاروں کی صفات
یقیمون الصلوٰۃ و ممّا رزقنھم ینفقون
الصلوٰۃ (نماز)
نماز میں سستی کرنے والے منافق ہیں
بے نمازی کافروں کے دوست ہیں
نماز کا چھوڑنا شیطان کو خوش کرنا ہے

نماز تقویٰ کی پہچان ہے

نماز آخرت پر ایمان کی علامت ہے

نماز مسلمان کی پہچان ہے

نماز قرآن کریم پر ایمان کی علامت ہے

اقامت نماز کعبۃ اللہ سے محبت کی علامت ہے

نماز کی بشارت عظمیٰ

نماز برائیوں کو مٹانے والی ہے

دعائے ابراہیمی میں اقامت نماز کا ذکر

نماز چھوڑنے والے ناخلف ہیں

نماز اللہ تعالیٰ کا اہم ذکر ہے

نماز روح کی تسکین سے

سب چیزیں اپنی نماز سے واقف ہیں

نصائح لقمان میں اقامت نماز کا ذکر

اقامت نماز میدان محشر میں محافظ ہے

نماز اللہ کی خوشنودی کا ذریعہ ہے

نمازی جنتی ہیں

بے نماز مغرور ہوتا ہے

بے نمازی ابو جہل کا بیٹا ہے

نماز سے غافل رہنے والوں کے لئے خرابی ہے

الانفاق (خرچ)

قرابت داروں کا حق

امثالِ انفاق

بخل

بخلِ قارون

باغ والوں کے بخل کا انجام

آئینۂ نماز و زکوٰۃ

آئینۂ نماز ۔۱

آئینۂ زکوٰۃ

آئینۂ نماز ۔۲

سجدۂ تلاوت

طریقۂ سجدہ اور اس کے اقسام

مسجدوں و دیگر سجدوں کا مختصر بیان

مسجدوں سے روکنے والا سب سے بڑا ظالم ہے

مسجدوں کے آداب

مساجد تعلق باللہ کا ذریعہ ہیں

مسجدوں کی شہادت ہماری نافرمانیوں کا صلہ ہیں

قبروں میں مسجدیں بنانا شرک ہے

مساجد توحیدِ باری تعالیٰ کے مرکز ہیں

اللہ تعالیٰ کے عبادت گزار بندوں کیلئے مسجدوں کا صاف رکھنا ہے

بسم اللہ الرحمن الرحیم

افتتاحیہ

الحمد للہ رب العلمین الصلوۃ والسلام علی خاتم النبین والمرسلین رحمۃ للعلمین محمد وعلی الہ واصحابہ اجمعین امابعدہ!

اللہ تعالیٰ کے رحم و کرم سے زیرِ نظر کتاب "اقیموا الصلوٰۃ و اٰتوا الزکوٰۃ" میری دوسری تصنیف ہے مطالعہ قرآن کریم کے دوران ہی مذکورہ نام سے کتاب مرتب کرنے کا خیال تھا چونکہ نماز اور زکوٰۃ کی ہم آہنگی قرآن کریم میں بار بار دہرائی گئی ہے، اللہ تعالیٰ کی بندگی کے لیے نماز توحید باری تعالیٰ کے بعد ایک مومن مسلمان کے لیے روح کی حیثیت رکھتی ہے اس لئے اللہ تعالیٰ نے باضابطہ پانچوں نمازوں کا قرآن کریم میں ذکر فرمایا اور اسی کے ساتھ ساتھ زکوٰۃ، انفاق، قرض حسنہ کی ترغیب اور بخل کی مذّمت بھی بیان فرمائی ہے

صلوٰۃ کے لغوی معنی رحمت کا نازل ہونا، دعا کرنا، نماز و عبادت کرنا ہے اور کسی کے لئے اللہ سے رحمت کی دعا کرنا جیسے اللہ تعالیٰ کا ارشاد ہے:

ومن الاعراب من یومن باللہ والیوم الاٰخر ویتخذ ماینفق قربت عند اللہ وصلوٰت الرسول (التوبہ:۹:۹۹)

"اور بعض دیہاتی ایسے بھی ہیں جو اللہ پر اور آخرت کے دن پر ایمان رکھتے ہیں اور جو کچھ خرچ کرتے ہیں اسی سے اللہ کا قرب چاہتے ہیں اور اس کی دعاؤں کا ذریعہ جانتے ہیں"

یہاں صلوٰۃ کی جمع صلوٰت ہے جو دعا کے لیے استعمال ہوا ہے مدینہ کے اطراف کے دیہاتی آپ کے پاس آتے تھے اور اللہ کی رضا کے لیے خرچ کرتے تھے جنہیں رسول اللہ ﷺ کی دعا کی سعادت نصیب ہوتی تھی چونکہ نماز بھی اللہ کے لیے ہے جس میں قیام و رکوع و سجود و ذکر اذکار ہیں جو اللہ کے لیے خاص ہیں اس لیے اس کو صلوٰۃ نماز کہتے ہیں

اور ہم رحمۃ اللعلمین محمد رسول للہ ﷺ کے لیے اللہ تعالیٰ سے رحمت کی دعا کرتے ہیں کہ اللھم صل علیٰ محمد اے اللہ تو رحمتیں بھیج محمد ﷺ پر اور آپ کی اٰل پر !(درود و سلام جیسے صل اللہ علیہ وسلم وغیرہم)

ایک اور جگہ اللہ تعالیٰ نے فرمایا:

ان اللہ وملئکتہ یصلون علی النبی یا ایھا الذین امنوا صلوا علیہ وسلموا تسلیما (الاحزاب ۵۶:۳۳)

"بے شک اللہ اور اس کے فرشتے نبی ﷺ پر درود بھیجتے ہیں تو اے مومنوں تم بھی اس پر درود (رحمتیں) وسلام (سلامتی کی دعا) بھیجا کرو"

اس لیے صلوٰۃ کے معنی رحمت کی دعا کرنا بھی ہے ایسی بہت سی مثالیں قرآن کریم میں ہیں اور زکوٰۃ کے لغوی معنی پاک کرنا، نیک کرنا، طہارت و پاکیزگی حاصل کرنا، نشو و نما پانا جیسے اللہ تعالیٰ کا ارشاد ہے:

خذ من اموالھم صدقۃ تطھرھم وتزکیھم بھا وصل علیھم ان صلوتک سکن لھم واللہ سمیع علیم (التوبہ ۱۰۳:۹)

”آپ ان کے مالوں سے صدقات (وزکوٰۃ) قبول کیا کریں اور اس کے ذریعہ ان کو پاک وصاف کردیں اور ان کے لیے دعا کریں کیوں کہ آپ کی دعا ان کے لیے سکون کا باعث ہے اور اللہ سننے والا جاننے والا ہے“

ایسی بہت سی مثالیں قرآن کریم میں موجود ہیں چونکہ صدقات وزکوٰۃ کی ادائیگی سے مال پاک ہوتا ہے جو خیر وبرکت کا باعث ہے اس لئے صاحب نصاب کے لیے ادائیگی زکوٰۃ فرض ہے تاکہ مال پاک ہو جائے (آخری صفحات میں نصاب بیان کیا گیا ہے) اسی طرح پانچ وقتوں کی نمازوں کا اللہ تعالیٰ نے اس طرح ذکر فرمایا

پانچ نمازیں قرآن میں

اقم الصلوۃ لدلوک الشمس الی غسق الیل وقران الفجر ان قران الفجر کان مشھودا(بنی اسرائیل ۱۷:۷۸)

ترجمہ: نماز کو قائم کریں آفتاب کے ڈھلنے سے لے کر رات کی تاریکی تک اور فجر کا قرآن پڑھنا بھی یقیناً فجر کے وقت کا قرآن پڑھنا حاضر کیا گیا ہے

توضیح: اللہ تعالیٰ نے اس آیت میں پانچوں اوقات کی نمازیں قائم کرنے کا حکم دیا ہے آفتاب کے ڈھلنے یعنی زوال کے بعد نماز ظہر اور نماز عصر پڑھنا اور رات کی تاریکی تک شروع میں نماز مغرب اور تاریکی تک نماز عشاء پڑھنا اور پھر نماز فجر کا حکم کے ساتھ اس کی اہمیت بیان فرمایا: فجر کی نماز میں طویل قرآن اور فجر کی نماز کے بعد قرآن کریم کی تلاوت چونکہ اس وقت میں فرشتوں کی حاضری ہوتی ہے جب اللہ کے بندے قرآن کریم کی تلاوت کرتے ہیں تو فرشتے اللہ کے کلام کو غور سے سنتے ہیں مبارک ہیں وہ لوگ

جنہیں یہ سعادت نصیب ہو جائے

فاصبر علی مایقولون و سبح بحمد ربک قبل طلوع الشمس و قبل غروبھا و من انائ الیل فسبح واطراف النھار لعلک ترضی (طٰہ ۲۰:۱۳۰)

ترجمہ: پس ان کی باتوں پر صبر کر اور اپنے پروردگار کی تسبیح اور تعریف بیان کرتا رہ، سورج نکلنے سے پہلے اور اس کے ڈوبنے سے پہلے، رات کے مختلف وقتوں میں بھی اور دن کے حصوں میں بھی تسبیح کرتا رہ، بہت ممکن ہے کہ تو راضی ہو جائے

توضیح: مشرکین مکہ آپ ﷺ کو طعنے دیتے تھے، کوئی دیوانہ کہتا تو کوئی مذمم، کوئی ساحر جادوگر وغیرہ اللہ تعالیٰ نے ان کی خبیث حرکتوں کے لئے آپ ﷺ کو صبر کرنے کی تلقین فرمائی اور پانچوں نمازوں میں اس کی تسبیح و تعریف کا حکم دیا جس سے روح کو تسکین ملتا ہے اس آیت میں تسبیح (پاکی بیان کرنا) پنجوقتہ نماز ہے سورج نکلنے سے پہلے فجر کی نماز ہے اور سورج ڈوبنے سے پہلے عصر کی نماز ہے رات کے مختلف وقتوں میں مغرب اور عشاء کی نماز ہے اور دن کے حصہ میں ظہر کی نماز ہے گویا پانچوں نمازوں کے اوقات کا تعین ہے اور پھر ان نمازوں میں پوری اللہ کی پاکیزگی حمد و ثناء ہے کتنا بڑا اللہ تعالیٰ کا انعام و اکرام ہے اس امت پر اسی نمازوں سے آپ ﷺ کا نفس بھی راضی ہو جائے گا اور جس کا اللہ نے وعدہ کیا ہے

فاما الذین امنو و عملوا الصلحت فھو فی روضۃ یحبرون واما الذین کفروا و کذبوا بایتنا ولقائ الاخرۃ فاولئک فی العذاب محضرون فسبحن اللہ حین تمسون و حین تصبحون ولہ الحمد فی السموات والارض وعشیا و حین تظھرون (الروم ۳۰:۱۵ سے ۱۸ تک)

ترجمہ: جو ایمان لاکر نیک اعمال کرتے رہے وہ تو جنت میں خوش و خرم کر دیئے جائیں گے اور جنھوں نے کفر کیا تھا اور ہماری آیتوں کو اور آخرت کی ملاقات کو جھوٹا

ٹھہرایا تھا وہ عذاب میں پکڑ کر حاضر رکھے جائیں گے پس اللہ تعالیٰ کی تسبیح پڑھا کرو جب کہ تم شام کرو اور جب صبح کرو تمام تعریفوں کے لائق آسمان وزمین میں صرف وہی ہے تیسرے پہر کو اور ظہر کے وقت بھی (اس کی پاکیزگی بیان کرو)

توضیح: اللہ تعالیٰ نے یہاں مومنین و کافرین کے فرق کو واضح فرمایا کہ مومن نیک اعمال کرتے ہیں اور کافرین ہٹ دھرم بے ایمان ہوتے ہوئے ہیں مومنین پنجوقتہ نمازی ہوتے ہیں اور کافرین بے نمازی اسی لئے اللہ تعالیٰ نے یہاں پانچوں نماز کا ذکر فرمایا تسبیح بیان کرنا یعنی پانچوں اوقات میں نمازوں کی پابندی کرنا تمسون (شام کرو) میں مغرب و عشا کی نمازیں ہیں اور تصبحون (صبح کرو) میں فجر کی نماز ہے اور عشاء سہ پہر میں عصر کی نماز اور تظھرون ظہر کی نماز ہے گویا پنجوقتہ نمازی اصل میں مومن ہیں جنھیں رب العلمین جنت الفردوس میں مقام عطا کرے گا۔

پانچ نمازیں حدیث سے

معراج میں رحمۃ اللعلمین رسول اللہ ﷺ کو ملا تحفہ

جب آپ ﷺ اللہ تعالیٰ کے مہمان ہوئے تو اللہ تعالیٰ نے آپ ﷺ پر پچاس وقت کی نماز فرض کی رسول اللہ ﷺ وہاں سے واپس ہوئے تو آپ کی حضرت موسیٰ علیہ السلام سے ملاقات ہوئی موسیٰ علیہ السلام نے پوچھا ''آپ کو کیا حکم ملا؟'' رسول اللہ ﷺ نے فرمایا ''مجھ پر ایک دن میں پچاس نمازیں فرض کی گئی ہیں ''موسیٰ علیہ السلام نے فرمایا ''میں لوگوں کو آپ سے زیادہ جانتا ہوں اللہ کی قسم میں نے بنی اسرائیل کا خوب

تجربہ کیا ہے اور بے شک آپ کی امت ہر روز پچاس نمازیں پڑھنے کی طاقت نہیں رکھتی آپ واپس جائیں اور اللہ تعالیٰ سے تخفیف کی درخواست کریں" تو رسول اللہ ﷺ واپس تشریف لے گئے اوپر پہنچ کر رسول اللہ ﷺ نے تخفیف کی درخواست کی اللہ نے دس کم کرکے چالیس کر دیں پھر رسول اللہ ﷺ واپس ہوئے تو آپ ﷺ پھر موسیٰ علیہ کے پاس سے گزرے پھر حضرت موسیٰ علیہ السلام سے اسی طرح گفتگو ہوئی تو آپ پھر اوپر تشریف لے گئے اللہ سے تخفیف کی درخواست کی تو اللہ تعالیٰ نے دس کم کرکے تیس کر دیں رسول اللہ ﷺ واپس ہوئے پھر موسیٰ علیہ السلام سے ملاقات ہوئی پھر اسی طرح گفتگو ہوئیں رسول اللہ ﷺ پھر اوپر گئے اللہ سے تخفیف کی درخواست کی تو اللہ تعالیٰ نے کم کرکے بیس کر دیں وہاں سے رسول اللہ ﷺ پھر واپس ہوئے پھر حضرت موسیٰ علیہ السلام سے ملاقات ہوئی پھر اسی طرح باتیں ہوئیں، رسول اللہ ﷺ واپس تشریف لے گئے اللہ تعالیٰ سے تخفیف کی درخواست کی تو اللہ عزوجل نے دس اور کم کرکے دس نمازیں مقرر کر دیں رسول اللہ ﷺ وہاں سے واپس ہوئے تو موسیٰ علیہ السلام سے پھر ملاقات ہوئی اور پھر وہی باتیں ہوئیں رسول اللہ ﷺ پھر اوپر تشریف لے گئے اور اللہ سے تخفیف کی درخواست کی اللہ تعالیٰ نے پانچ اور کم کرکے پانچ نمازیں مقرر کر دیں واپسی میں پھر حضرت موسیٰ علیہ السلام سے ملاقات ہوئی انھوں نے پوچھا کیا حکم ملا؟ رسول اللہ ﷺ نے فرمایا مجھے ہر روز پانچ نمازیں پڑھنے کا حکم دیا گیا ہے موسیٰ علیہ السلام نے کہا آپ ﷺ کی امت ہر روز پانچ نمازیں پڑھنے کی بھی طاقت نہیں رکھتی میں نے آپ ﷺ سے پہلے لوگوں کو خوب تجربہ کیا ہے اور بنی اسرائیل کی خوب جانچ کی ہے آپ اپنے رب کے پاس جایئے اور اپنی امت کے لیے تخفیف کی درخواست کیجیے رسول اللہ ﷺ نے فرمایا کئی مرتبہ درخواست کر چکا ہوں اب تو مجھے شرم آتی ہے

بس اب تو میں راضی ہوں اور (پانچ نمازوں کو) تسلیم کرتا ہوں۔

جب رسول اللہ ﷺ واپس ہوئے تو اللہ تبارک وتعالیٰ عزوجل نے آپؐ کو پکارا اور کہا "میں نے اپنا فریضہ جاری کر دیا اور اپنے بندوں پر تخفیف بھی کر دی میں ایک نیکی کا بدلہ دس دونگا اسی طرح پانچ نمازیں پچاس کے برابر ہوں گی میری بات بدلہ نہیں کرتی (صحیح بخاری باب المعراج)

اللہ تعالیٰ کے انعام و اکرام و احسان پر ذرا انسان غور کرے کہ اللہ نے ان پانچ نمازوں کے ثواب کو پچاس نمازوں کے برابر فرما دیا انسان ایسے انعامات کو ضائع کرے تو اس سے بڑھ کر بد نصیبی اور کیا ہو گی۔

آیات قرض حسنہ

اسی طرح قرض حسنہ کے تعلق سے اللہ رب العلمین نے کئی مقام پر ایمان والوں کو حکم دیا ہے کہ وہ اس کے راستے میں خرچ کریں اللہ کا ارشاد ہے:

من ذا الذی یقرض اللہ قرضا حسنا فیضعفہ لہ اضعافا کثیرا واللہ یقبض ویبسط والیہ ترجعون (البقرۃ ۲۴۵:۲)

ترجمہ: ایسا بھی کوئی ہے جو اللہ تعالیٰ کو اچھا قرض دے پس اللہ تعالیٰ اسے بہت بڑھا چڑھا کر عطا فرمائے، اللہ ہی تنگی اور کشادگی کرتا ہے اور تم سب اسی کی طرف لوٹائے جاؤ گے۔

توضیح: اللہ کی راہ میں اور جہاد میں مال خرچ کرنا ہے یعنی جان کی طرح مالی قربانی میں بھی تامل مت کرو رزق کی کشادگی اور کمی بھی اللہ کے اختیار میں ہے اور وہ دونوں

طریقوں سے تمہاری آزمائش کرتا ہے کبھی رزق میں کمی کر کے اور کبھی اس میں فراوانی کر کے پھر اللہ کی راہ میں خرچ کرنے سے تو کمی بھی نہیں ہوتی اللہ تعالیٰ اس میں کئی گناہ اضافہ فرماتا ہے، حساب کے دن میں تو یقیناً اس میں اضافہ حیران کن ہو گا جہاں انسان کو ایک ایک نیکی کی ضرورت ہو گی۔

من ذالذی یقرض اللہ قرضا حسنا فیضعفہ لہ ولہ اجر کریم (الحدید ۱۱:۵۷)

ترجمہ: کون ہے جو اللہ تعالیٰ کو اچھی طرح قرض دے پھر اللہ تعالیٰ اسے اس کے لیے بڑھاتا چلا جائے اور اس کے لیے پسندیدہ عزت والا ثواب ہے۔

توضیح: خوش نصیب ہیں وہ لوگ جو اللہ تعالیٰ کے دیئے ہوئے فضل کو امانت سمجھتے ہوئے ضرورت مندوں کو دیں اور بشارت الٰہی کے مستحق ہوں۔

ان المصدقین والمصدقت واقرضو اللہ قرضا حسنا یضعف لھم ولھم اجر کریم (الحدید ۱۸:۵۷)

ترجمہ: بے شک صدقہ دینے والے مرد اور صدقہ دینے والی عورتیں اور جو اللہ کو خلوص کے ساتھ قرض دے رہے ہیں ان کے لیے یہ بڑھایا جائے گا اور ان کے لیے پسندیدہ اجر و ثواب ہے۔

توضیح: اللہ تعالیٰ نے ان مردوں اور عورتوں کی تعریف فرمائی ہے جو اخلاص کے ساتھ اللہ کے راستہ میں خرچ کرتے ہیں اس اللہ کو قرض حسنہ دے رہے ہیں جس نے اتنی عظیم کائنات کی ساری چیزوں کو احسن اندازے میں پیدا فرمایا اور ہر ایک کی وہ ضرورتیں پوری فرما رہا ہے وہی آخرت میں اس کے بدل وہ اجر دے گا جس کا ہم تصور بھی نہیں کر سکتے۔

ن ان تقرضو اللہ قرضا حسنا فیضعفہ لکم ویغفر لکم واللہ شکور حلیم (التغابن ۱۷:۶۴)

ترجمہ: اگر تم اللہ کو اچھا قرض دو گے (یعنی اس کی راہ میں خرچ کرو گے) تو وہ اسے تمہارے لیے بڑھاتا جائے گا اور تمہارے گناہ بھی معاف فرمادے گا اللہ بڑا قدردان بڑا بردبار ہے۔

توضیح: اللہ تعالیٰ نے اس آیت میں ایک خاص انعام کا اشارہ فرمایا ہے کہ انسان خطاکار ہے اس سے خطائیں سرزد ہوتی ہیں اللہ تعالیٰ اس قرض حسنہ کی وجہ سے درگزر کا معاملہ فرمائے گا کہ میرے بندے نے میری رضاوخوشنودی کے لیے میری راہ میں خرچ کیا تھا آج ہم اسے اس کا اجر دیں گے۔

واقرضوا اللہ قرضاحسنا وماتقدموا لانفسکم من خیر تجدوہ عنداللہ ھو خیرا واعظم اجرا واستغفروا اللہ ان اللہ غفور رحیم (المزمل ۲۰:۷۳)

ترجمہ: اور اللہ تعالیٰ کو اچھا قرض دو اور جو نیکی تم اپنے لیے آگے بھیجو گے اسے اللہ تعالیٰ کے ہاں بہتر سے بہتر اور ثواب میں بہت زیادہ پاؤ گے اللہ تعالیٰ سے معافی مانگتے رہو یقیناً اللہ تعالیٰ بخشنے والا مہربان ہے۔

توضیح: فی سبیل اللہ خرچ کرنے والوں پر اللہ تعالیٰ کی رحمت نازل ہوتی ہے چونکہ اس کی صفت ہی غفورالرحیم ہے یہاں ہم سب کچھ چھوڑ جائیں گے مگر جو کچھ ہم نے خرچ کیا اللہ کی راہ میں اللہ کے یہاں اضافے کے ساتھ ہمیں نصیب ہوگا۔

جب یہ آیت نازل ہوئیں تو حضرت ابولدحداحؓ نے عرض کی کہ یارسول اللہ میرے ماں باپ آپؐ پر قربان ہو اللہ تعالیٰ ہم سے قرض مانگتے ہیں حالانکہ وہ ذات قرض سے بے نیاز ہے آپ نے فرمایا ہاں اللہ ہی قرض مانگتے ہیں تاکہ اس کے بدلے میں وہ تمہیں جنت میں داخل کردے انھوں نے عرض کی تو میں اپنے پروردگار کو قرض دیتا ہوں کیا وہ مجھے اور میری بچی دحداحہ کو جنت میں داخل کرے گا؟ آپ نے فرمایا ہاں تو

انھوں نے کہالایئے اپنادست مبارک بڑھایئے تو آپؐ نے اپناہاتھ آگے بڑھادیاتواسے پکڑ کر کہنے لگے دوباغ میری ملکیت میں ہے ایک مدینے کے زیریں علاقہ میں ہے اور دوسرا بالائی حصہ میں ہے ان دوباغوں کے علاوہ اللہ کی قسم اور کوئی چیز میرے پاس نہیں میں یہ دونوں باغ اللہ کو قرض دیتاہوں، تو آپؐ نے فرمایاان میں سے ایک اللہ کی راہ میں دے دو اور دوسرااپنی اور اپنے اہل وعیال کی گزراوقات کے لئے رکھ لو اس پر ابوالداحدؓ نے کہاپھر اے اللہ کے رسول ان میں سے جو بہتر ہے وہ اللہ کی راہ میں دیتاہوں آپ گواہ رہیں اس باغ میں چھ سو کھجور کے درخت ہیں رسول اللہ ﷺ نے فرمایااس انفاق کے بدلے میں اللہ تعالیٰ آپ کو جنت میں داخل کرے گاتو آپؐ یہ کہہ کر چل دیئے اور باغ میں پہنچے جہاں ام لداحداح اپنے بچوں کے ہمراہ کھجوروں کے درختوں میں پھر رہی تھیں انھیں دیکھ کر آپ نے یہ کہا: میں یہ باغ اللہ کو بطور قرض خوش دلی سے دے دیاہے یہ سنتے ہی آپ کی بیوی نے اپنے شوہر کی تحسین فرماتے ہوئے بچوں کولے کر باغ سے نکل گئی اور بچوں کے دامن وجیب میں جو کھجوریں تھیں اور جو ان کے منہ میں تھی سب نکلوا کروہیں ڈھیر کردی۔

انہیں آیات کے پیش نظر نبی اکرم ﷺ نے اصحاب کرامؓ کو فی سبیل اللہ خرچ کرنے کی ترغیب دلائی تو حضرت ابو عقیل انصاریؓ ایک عجیب وغریب مثال قائم فرمائی خود اپنی زبانی وہ بیان کرتے ہیں کہ آپ ﷺ کا حکم پاتے ہی میں تڑپ اٹھااور اس وقت میرے پاس کچھ نہ تھا کہ خرچ کروں آخر کام کی تلاش میں نکل پڑاتو اللہ تعالیٰ نے میری تمناپوری فرمادیادی مجھے ایک جگہ مزدوری مل گئی ایک یہودی کاکھیت سیر اب کرنے کاکام دوصاع کھجور کے بدلے تومیں نے ساری رات اپنی پیٹھ پر پانی لاد کر سنچائی کرتارہاصبح تک پوراکام کیا، صبح ہوئی تو اس یہودی نے دوصاع کھجوریں مزدوری میں دیں تو ایک صاع

نکال کر اپنے گھر والوں کے لئے لے گیا اور دوسرا صاع اللہ تعالیٰ کی رضا و خوشنودی کے لئے دربار رسالت مآب ﷺ کی خدمت بابرکت میں حاضر کر دیا (الطبرانی) صحابہ رسولؐ کے اس نیک عمل سے اللہ تعالیٰ نے خوش ہو کر سورۃ التوبہ، آیت نمبر ۷۹ نازل فرمائی سبحان اللہ۔

اسی طرح احادیث نبوی ﷺ میں بھی نماز اور زکوٰۃ کو یوں بیان کیا گیا ہے:

عن عمر بن الخطاب رضی اللہ عنہ قال بینما نحن عند رسول اللہ ﷺ ذات یوم اذا طلع علینا رجل الحدیث رواہ مسلم

"حضرت عمر بن خطاب رضی اللہ عنہ فرماتے ہیں کہ ایک دن ہم رسول اللہ ﷺ کی خدمت میں حاضر تھے کہ اچانک ایک شخص ہمارے سامنے آیا جس کے کپڑے نہایت سفید اور بال بہت ہی سیاہ تھے، نہ اس پر سفر کا کوئی اثر نمایاں تھا اور نہ ہم میں سے کوئی اسے پہچانتا تھا یہاں تک کہ نبی ﷺ کے پاس بیٹھ گیا اور اس نے اپنے گھٹنے آپ ﷺ کے گھٹنوں سے ملا دیئے اور اپنے ہاتھ آپ ﷺ کی رانوں پر رکھ دیئے اور کہا: اے محمد! مجھے اسلام کے بارے میں بتایئے رسول اللہ ﷺ نے فرمایا: اسلام یہ ہے کہ تم یہ شہادت دو کہ اللہ کے سوا کوئی الٰہ نہیں اور محمد اللہ کے رسول ہیں اور نماز قائم کرو اور زکوٰۃ دو اور رمضان کے روزے رکھو اور اللہ کے گھر کا حج کرو، اگر اس کے راستے کی استطاعت رکھتے ہو

اس نے کہا: آپ نے سچ کہا۔

حضرت عمرؓ فرماتے ہیں کہ ہمیں اس پر تعجب ہوا کہ وہ آپ سے سوال بھی کرتا ہے اور اس کی تصدیق بھی کرتا ہے

پھر اس نے کہا: مجھے ایمان کے بارے میں بتایئے۔

آپؐ نے فرمایا: ایمان یہ ہے کہ تم اللہ اور اس کے فرشتوں، اس کی کتابوں، اس کے رسولوں اور یوم آخر اور تقدیر کے خیر و شر پر ایمان لاؤ۔

اس نے کہا: آپ نے سچ کہا۔

پھر کہا: مجھے احسان کے بارے میں بتائیے۔

آپؐ نے فرمایا: احسان یہ ہے کہ تم اللہ کی عبادت اس طرح کرو گویا تم اسے دیکھ رہے ہو کیونکہ اگر تم اسے نہیں دیکھتے ہو تو وہ تو تمہیں دیکھ رہا ہے۔

اس نے پھر کہا: مجھے اس گھڑی قیامت کے بارے میں بتائیے۔

آپ نے فرمایا: جس سے پوچھا جا رہا ہے وہ اسے پوچھنے والے سے زیادہ نہیں جانتا۔

اس نے کہا: اچھا، مجھے اس کی نشانیوں سے آگاہ کیجئے۔

آپ نے فرمایا: نشانی یہ ہے کہ لونڈی اپنی مالکہ کو جنے گی اور تم ننگے پاؤں اور ننگے جسم والے کنگالوں اور بکریاں چرانے والوں کو دیکھو گے کہ وہ عمارتوں میں ایک دوسرے سے بڑھ چڑھ کر رہنا چاہتے ہیں۔

حضرت عمرؓ فرماتے ہیں کہ پھر وہ چلا گیا اور میں کچھ دیر ٹھہرا رہا پھر آپ ﷺ نے مجھ سے فرمایا: اے عمر! کیا تمہیں معلوم ہے کہ یہ پوچھنے والا کون تھا؟

میں نے کہا: اللہ اور اس کے رسول زیادہ جانتے ہیں۔

آپؐ نے فرمایا: وہ جبرئیل علیہ السلام تھے، تمہارے پاس آئے تھے کہ تمہیں تمہارے دین کی تعلیم سکھا دیں۔

توضیح: اللہ تعالیٰ نے اسلامی تعلیمات کے اہم ستون کو بتانے کے لیے حضرت جبرئیل علیہ السلام کو بھیجا جو انسانی شکل میں تشریف لائے تھے اس اہم ستونوں میں نماز اور زکوۃ بھی ہے جو اس کا منکر ہو گا یا تساہل برتے گا وہ کافر ہو گا۔

عن انس بن مالک رضی اللہ عنہ قال نھینا ان نسال رسول اللہ ﷺ عن شی فکان یعجبنا ان یجیٔ الرجل (الحدیث متفق علیہ)

''حضرت انس بن مالکؓ سے روایت ہے وہ فرماتے ہیں کہ ہم کو ممانعت کر دی گئی تھی کہ رسول اللہ ﷺ سے کچھ پوچھیں تو ہمیں اس بات سے خوشی ہوتی تھی کہ کوئی سمجھ دار بدوی آئے اور آپؐ سے کچھ پوچھے اور ہم سنیں چنانچہ اہل بادیہ میں سے ایک شخص آیا اس نے کہا: اے محمد! آپ کا قاصد ہمارے پاس آیا اور ہم سے بیان کیا کہ آپ کا کہنا ہے کہ اللہ نے آپ کو رسول بنا کر بھیجا ہے آپؐ نے فرمایا: اس نے سچ کہا پھر اس شخص نے کہا: آسمان کو کس نے پیدا کیا؟ آپؐ نے فرمایا: اللہ نے اس نے کہا: زمین کو کس نے پیدا کیا آپؐ نے فرمایا: اللہ نے پھر اس نے کہا: یہ پہاڑ کس نے کھڑے کئے ہیں اور ان میں جو کچھ بنایا ہے وہ کس نے بنایا ہے؟ آپ نے فرمایا: اللہ نے اس نے کہا: پس قسم ہے اس ذات کی جس نے آسمان اور زمین کو پیدا کیا اور یہ پہاڑ کھڑے کئے، کیا اللہ نے آپؐ کو بھیجا ہے؟ آپ نے فرمایا: ہاں اس نے کہا: آپؐ کے قاصد نے بیان کیا کہ ہمارے دن اور رات میں ہم پر پانچ نمازیں فرض ہیں آپؐ نے فرمایا: اس نے سچ کہا اس نے کہا: قسم ہے اس کی جس نے آپؐ کو رسول بنا کر بھیجا ہے کیا اللہ نے آپؐ کو اس کا حکم دیا ہے؟ فرمایا: ہاں اس نے کہا: اور آپؐ کے قاصد نے بیان کیا کہ ہم پر ہمارے مالوں میں زکوٰۃ بھی فرض ہے فرمایا: اس نے سچ کہا اس نے کہا: قسم ہے اس ذات کی جس نے آپؐ کو رسول بنا کر بھیجا ہے کیا اللہ نے آپ کو اس کا حکم دیا ہے؟ فرمایا: ہاں اس نے کہا: آپ کے قاصد نے بیان کیا تھا کہ سال میں رمضان کے روزے بھی ہم پر فرض ہے فرمایا: اس نے سچ کہا اس نے کہا: قسم ہے اس ذات کی جس نے آپؐ کو رسول بنا کر بھیجا ہے کیا اللہ نے آپ کو اس کا حکم دیا ہے فرمایا: ہاں اس نے کہا: آپ کے قاصد نے یہ بھی بیان کیا کہ ہم میں سے اس پر بیت اللہ کا حج

فرض ہے جو اس تک پہنچنے کی استطاعت رکھتا ہو فرمایا: اس نے سچ کہا (راوی) بیان کرتے ہیں کہ پھر وہ شخص یہ کہتا ہوا واپس ہوا کہ اس ذات کی قسم جس نے آپ کو حق کے ساتھ مبعوث کیا ہے، میں ان میں اپنی طرف سے نہ کچھ بڑھاؤں گا اور نہ ان میں کوئی کمی کروں گا اس پر نبی ﷺ نے فرمایا اگر یہ سچا ہے تو ضرور جنت میں داخل ہو گا" (بخاری و مسلم)

اسلام میں نماز اور زکوٰۃ کی اہمیت کا اندازہ بخوبی لگایا جا سکتا ہے جس کے بغیر ایمان ادھورا ہے۔

زکوٰۃ نہ دینے والوں کی سزا

وعن ابی ھریرۃؓ قال: قال رسول اللہ ﷺ: من اتاہ اللہ مالا فلم یودزکوتہ مثل لہ مالہ یوم القیمۃ شجاعا اقرع لہ زبیبتان یطوقہ یوم القیمۃ ثم یاخذ بلھزمتیہ (یعنی شدقیہ) ثم یقول: انامالک انا کنزک ثم قرء ولایحسبن الذین یبخلون الایۃ بخاری

"حضرت ابو ہریرہؓ سے روایت ہے کہ رسول اللہ ﷺ نے فرمایا: جس شخص کو اللہ نے مال دیا پھر اس نے اس کی زکوٰۃ نہیں ادا کی تو اس کا مال قیامت کے دن نہایت زہریلے گنجے سانپ کی شکل اختیار کرلے گا جس کے سر پر دو سیاہ نقطے ہوں گے اور وہ اس کے گلے کا طوق بن جائے گا پھر وہ سانپ اس کے دونوں جبڑے کو پکڑے گا اور کہے گا میں تیرا مال ہوں، میں تیرا خزانہ ہوں"

عن ابی ھریرۃ رضی اللہ عنہ قال رسول اللہ ﷺ قال اللہ تعالیٰ انفق یا ابن ادم انفق علیک (رواہ البخاری)

ترجمہ: حضرت ابوہریرہ رضی اللہ عنہ سے روایت ہے کہ رسول اللہ ﷺ نے

ارشاد فرمایا کہ اللہ تعالیٰ نے فرمایا: اے ابن آدم تو خرچ کر میں تجھ پر خرچ کروں گا۔

توضیح:

جو ضرورت مندوں پر خرچ کرے گا تو اللہ تعالیٰ اس پر خرچ کرے گا اور اس کی غیب سے مدد کرے گا اللہ تعالیٰ کے راستہ میں خرچ کرنے سے مال میں کمی نہیں ہوتی بلکہ اللہ خیر و برکت کے دروازے کھولتا ہے اور اسے ہر مصیبت و پریشانی سے بچاتا ہے مگر لعین شیطان ہے کہ محتاجی کی بات ڈالتا ہے کہ تم خرچ کروگے تو محتاج ہو جاؤگے تو بخیل شخص شیطان کی بات مان لیتا ہے ادھر اللہ تعالیٰ نے بخشش و برکت کا وعدہ فرمایا ہے کہ جو شخص اس کی راہ میں خرچ کرے گا اسے دونوں جہاں میں بہتر بدلہ دیا جائے گا۔

نماز کی اہمیت

وعن ابی ھریرۃ ان رسول اللہ ﷺ قال: والذی نفسی بیدہ لقد ھممت ان آمر بحطب فیحطب ثم امر بالصلوٰۃ فیوذن بھاثم آمر رجلا فیوم الناس ثم اخالف الی رجال فاحرق علیھم بیوتھم بخاری و مسلم

"حضرت ابوہریرہؓ سے روایت ہے کہ رسول اللہ ﷺ نے فرمایا: قسم ہے اس ذات کی جس کے قبضہ میں میری جان ہے، میں نے ارادہ کیا کہ حکم دوں کہ لکڑیاں جمع کی جائیں، پھر نماز کا حکم دوں اور اس کے لئے اذان دی جائے پھر ایک شخص کو لوگوں کا امام مقرر کروں پھر لوگوں کی طرف جاؤں (جو نماز میں حاضر نہیں ہوتے) اور ان کے گھروں کو آگ لگادوں"۔

وعن ابی الدرداء قال: قال رسول اللہ ﷺ: مامن ثلثۃ فی قریۃ ولا بدو لا تقام فیھم

الصلوٰۃ الا قد استحوذ علیھم الشیطان فعلیک بالجماعۃ فانما یاکل الذئب القاصیۃ ابوداؤد

"ابودرداءؓ سے روایت ہے کہ رسول اللہ ﷺ نے فرمایا: کسی بستی یا بادیہ میں تین آدمی ہوں اور وہاں نماز یا جماعت کا اہتمام نہ ہوتا تو ان پر شیطان قابو پالیتا ہے تو تم جماعت کی پابندی کو اپنے اوپر لازم کرلو کیونکہ بھیڑیا اسی بھیڑ کو کھاتا ہے جو گلے سے دور رہتی ہے۔

قرض حسنہ کی مثال

وعن ابن مسعودؓ قال: قال رسول اللہ ﷺ: ایکم مال وارثہ احب الیہ من مالہ؟ قالوا: یارسول اللہ! مامنا احد الامالہ احب الیہ قال: فان مالہ ماقدم ومال وارثہ ما اخر بخاری مسلم

"ابن مسعودؓ سے روایت ہے کہ رسول اللہ ﷺ نے فرمایا: تم میں کس کو اپنے مال سے بڑھ کر اپنے وارث کا مال زیادہ عزیز ہے؟ (صحابہؓ نے) عرض کیا: اے اللہ کے رسولؐ! ہم میں تو ہر ایک کا اپنا ہی مال سب سے زیادہ عزیز ہے آپ نے فرمایا: اس کا مال تو وہی ہے جو اس نے آگے بھیجا اور وہ اس کے وارث کا مال ہے جو اس نے پیچھے چھوڑا"

بخل کی مذمت

وعن ابی ھریرۃؓ قال رسول اللہ ﷺ: مثل البخیل والمتصدق: کمثل رجلین علیھما جنتان من حدید قد اضطرت ایدیھما الی ثدیھما وتر قیھما فجعل المتصدق کلما تصدق لصدقۃ

انبسطت عنه وجعل البخيل كلما هم بصدقة قلصت واخذت كل حلقة بمكانها مسلم بخاری

"حضرت ابو ہریرہؓ سے روایت ہے کہ رسول اللہ ﷺ نے فرمایا: بخیل اور صدقہ دینے والوں کی مثال ان دو آدمیوں کی سی ہے جنھوں نے لوہے کی زرہیں پہن رکھی ہوں، ان دونوں کے ہاتھ سینے اور حلق تک جکڑے ہوئے ہیں، صدقہ دینے والا جب بھی صدقہ دیتا ہے تو وہ زرہ کشادہ ہو جاتی ہے اور بخیل جب صدقہ دینے کا خیال کرتا ہے تو وہ زرہ مزید تنگ ہو جاتی ہے اور زرہ کا ہر حلقہ اپنی جگہ پر بیٹھ جاتا ہے

زکوٰۃ نہ دینے والے کافر ہیں

رحمۃ اللعلمین نبی اکرم ﷺ کے وصال کے بعد کچھ لوگوں نے زکوٰۃ دینا بند کر دیا تھا وہ لوگ نمازیں تو پڑھتے تھے مگر زکوٰۃ نہیں دیتے تھے تو خلیفہ اول حضرت ابو بکر صدیقؓ نے ان لوگوں کے خلاف فوجی کاروائی شروع فرمادی (یعنی جہاد) حضرت عمر بن الخطابؓ نے آپؓ سے فرمایا کہ آپ ان لوگوں سے کیسے جنگ کریں گے جبکہ رسول اللہ ﷺ نے فرمایا ہے کہ مجھے حکم دیا گیا ہے کہ میں لوگوں سے اس وقت تک جنگ کروں جب تک وہ لا الہٰ الا اللہ نہ پڑھ لیں پھر جس نے یہ پڑھ لیا تو اس نے اپنا جان و مال کو مجھ سے بچا لیا حضرت ابو بکر صدیقؓ نے فرمایا کہ اللہ کی قسم میں ضرور ان سے لڑوں گا جو نماز اور زکوٰۃ میں تفریق کرے گا (یعنی جو نماز تو پڑھے گا مگر زکوٰۃ نہیں دے گا)۔

اللہ کی قسم اگر ایک بھیڑ کا بچہ جسے وہ رسول اللہ ﷺ کو زکوٰۃ دیا کرتے تھے مجھے نہ دیں گے تو میں ضرور ان سے اس بچہ کو روک لینے پر جنگ کروں گا۔

حضرت عمر بن الخطابؓ کہتے ہیں کہ اللہ کی قسم اللہ نے ابو بکرؓ کے سینے کو کھول دیا تھا

بعد میں سمجھ گیا کہ یہ حق ہے (یعنی زکوٰۃ نہ دینے والوں کے ساتھ جنگ)۔
(بخاری شریف کتاب الزکوٰۃ)

جس وقت حضرت ابو بکر صدیقؓ نے حضرت انسؓ کو بحرین زکوٰۃ وصول کرنے کے لئے عامل بنا کر روانہ فرمایا ایک تحریر کتاب الزکوٰۃ کی لکھ کر عنایت فرمائے جس کا مضمون اس طرح تھا:

بسم اللہ الرحمن الرحیم

یہ زکوٰۃ کے فرائض ہیں جو رسول اللہ ﷺ نے مسلمانوں پر فرض کئے ہیں اور یہ وہ فرائض ہیں جن کا حکم اللہ تعالیٰ نے اپنے رسول ﷺ کو دیا تھا لہٰذا مسلمانوں میں سے جس شخص سے بھی اس تحریر کے مطابق زکوٰۃ مانگی جائے وہ زکوٰۃ دے دیں اور جس سے اس سے زیادہ مانگی جائے وہ زیادہ نہ دیں (پھر پورا نصاب تحریر فرمایا جو آخری صفحات میں تحریر کیا گیا ہے).

اسی طرح خلیفہ ثانی حضرت عمر فاروقؓ نے بھی اپنے گورنروں کو خصوصی طور سے زکوٰۃ کے ساتھ نمازوں کی اقامت کا حکم صادر فرمایا تھا آپ نے گورنروں کو خط لکھا کہ:

"میرے نزدیک تمہارے تمام کاموں میں سب سے بڑھ کر اہمیت نماز کی اہمیت ہے تو جس نے بھی اس کی حفاظت کی اور اس کی برابر نگہبانی کرتا رہا تو اس نے پورے دین کی حفاظت کی اور جس نے اس نماز کو ضائع کر دیا تو وہ دوسری ساری چیزوں کو اور زیادہ ضائع کرنے والا ہوگا".

بنی اسرائیل کو بھی نماز اور زکوٰۃ کا حکم دیا گیا تھا

زید بن سلام سے روایت ہے کہ ان سے ابو سلام نے کہا کہ ان سے حارث اشعری

نے بیان کیا کہ رسول اللہ ﷺ نے فرمایا: اللہ نے یحییٰؑ کو پانچ باتوں کے متعلق حکم دیا تھا کہ ان پر خود بھی عمل کریں اور بنی اسرائیل سے کہیں کہ وہ بھی ان پر عمل کریں یحییٰؑ کو اس میں کچھ تاخیر ہونے لگی تو عیسیٰؑ نے فرمایا: اللہ نے آپ کو پانچ باتوں کے بارے میں حکم دیا تھا کہ آپ خود بھی ان پر عمل پیرا ہوں اور بنی اسرائیل سے بھی ان پر عمل کرنے کو کہہ دیں تو یا تو آپ ان سے کہہ دیجئے یا پھر میں ہی ان سے کہہ دوں یحییٰؑ نے فرمایا کہ مجھے ڈر ہے کہ اس سلسلہ میں آپ نے مجھ سے سبقت کی تو کہیں میں زمین میں دھنسا نہ دیا جاؤں یا کسی عذاب میں گرفتار نہ ہو جاؤں اس کے بعد انھوں نے لوگوں کو بیت المقدس میں جمع کیا جب وہ خوب بھر گیا اور لوگ گیلریوں تک بیٹھ گئے تو فرمایا: اللہ نے مجھے پانچ باتوں کے متعلق حکم دیا ہے کہ خود بھی ان پر عمل کروں اور تمہیں بھی ان پر عمل کرنے کی تاکید کروں پہلی بات یہ ہے کہ تم اللہ ہی کی عبادت کرو اور اس کے ساتھ کسی چیز کو شریک نہ کرو کیونکہ جو شخص اللہ کے ساتھ شرک کرے اس کی مثال ایسی ہے جیسے ایک شخص صرف اپنے سونے چاندی کے مال سے ایک غلام خریدے اور اسے بتادے کہ دیکھ یہ میرا گھر ہے اور یہ میرا کام ہے، تو کام کرنا اور اجرت مجھے دیتے رہنا وہ کام تو کرے مگر اجرت اپنے آقا کے بجائے کسی اور شخص کو دیدے بھلا تم میں یہ کون پسند کرے گا کہ اس کا غلام ایسا ہو اور یہ کہ اللہ نے تمہیں نماز کا حکم دیا ہے لہٰذا جب تک نماز میں رہو ادھر ادھر نہ دیکھو کیونکہ اللہ اپنے بندے کی طرف پوری طرح متوجہ رہتا ہے جب تک وہ ادھر ادھر نہیں دیکھتا اور اس نے تمہیں روزے کا حکم دیا ہے اس کی مثال ایسی ہے جیسے کسی جماعت میں ایک شخص ہو جس کے پاس ایک تھیلی ہو جس میں مشک ہو اور ہر شخص کو اس کی خوشبو اچھی معلوم ہوتی ہو اور اللہ کے نزدیک روزہ دار کی بو مشک کی خوشبو سے زیادہ پیاری ہوتی ہے اور اس نے تمہیں صدقے کا حکم دیا ہے اس کی مثال ایسی ہے جیسے

ایک شخص کو دشمن نے قید کر لیا ہو اور اس کے ہاتھ اس کی گردن سے باندھ دئے ہوں اور اس کی گردن مارنے کے لیے اسے لے جا رہے ہوں وہ کہے کہ میں اپنی جان کے عوض تھوڑا اور بہت سب دیتا ہوں اور اس طرح فدیہ دے کر ان سے اپنی جان چھڑا لے اور اس نے تمہیں ذکر اللہ کا حکم دیا ہے کیونکہ اس کی مثال ایسی ہے جیسے ایک شخص ہو جس کے تعاقب میں دشمن تیزی سے آ رہا ہو، یہاں تک کہ یہ شخص کسی مضبوط قلعے کے اندر آ جائے اور اپنی جان کو دشمن سے بچا لے اسی طرح بندہ اللہ کے ذکر کے سوا کسی طرح بھی اپنے آپ کو شیطان سے نہیں بچا سکتا معلوم ہوا کہ نماز، زکوۃ، صدقات یہ سب شیطان سے بچاؤ کے لئے ایک ڈھال کی حیثیت رکھتے ہیں (رواہ الترمذی)۔

زکوۃ نہ دینا علامت قیامت میں سے ہے

حضرت ابوہریرہؓ کہتے ہیں کہ رسول اللہ ﷺ نے فرمایا: جب مال غنیمت کو ذاتی دولت قرار دے لیا جائے اور امانت کو غنیمت قرار دے لیا جائے اور زکوۃ کو تاوان سمجھا جائے اور علم کو دین کو دنیاوی غرضوں کے لیے حاصل کیا جائے اور مرد عورت کی اطاعت کرنے لگے اور اپنی ماں کی نافرمانی کرے اور اسے رنج دے اور اپنے دوست کو ہم نشین بنائے اور اپنے باپ کو دور کر دے اور مسجدوں میں آوازیں بلند ہوں اور قبیلہ کی سرداری قبیلہ کا ایک فاسق شخص کرے اور قوم کا سربراہ قوم کا نہایت کمینہ شخص ہو اور آدمی کی تعظیم اس کے شر سے بچنے کے لیے کی جائے اور گانے والی لونڈیاں اور باجے پھیل جائیں اور شرابیں پی جانے لگیں اور اس امت کے پچھلے لوگ اس کے اگلے لوگوں کو برا کہنے لگیں تو اس وقت انتظار کرو سرخ آندھی، زلزلہ، زمین کے دھنسنے، صورتوں

کے مسخ ہونے، پتھروں کے برسنے کا اور ان پے در پے نشانیوں کا گویا وہ موتیوں کی ایک ٹوٹی ہوئی لڑی ہے جس سے موتی پے در پے گر رہے ہوں (رواہ الترمذی)

چونکہ اس پیشن گوئی میں زکوٰۃ کا بھی ذکر ہے اس لئے پوری حدیث لکھنے کی ضرورت پڑی اس کے علاوہ کتب احادیث میں کثرت کے ساتھ مثالیں موجود ہیں.

یہ چند مثالیں ہیں جس سے نماز اور انفاق کی اہمیت کا اندازہ لگا سکتے ہیں اس کے بعد بالترتیب ابواب میں آیات قرآنی اس طرح ہیں پہلا باب "اقیموا الصلوٰۃ واتوالزکوٰۃ" یعنی وہ آیات جس میں نماز اور زکوٰۃ کا ذکر ہے دوسرا باب "اقیموا الصلوٰۃ وممارزقنھم ینفقون" یعنی جس میں نماز اور خرچ کرنے کا ذکر ہے تیسرا باب "الصلوٰۃ" یعنی جس میں صرف نماز کا ذکر ہے چوتھا باب "الانفاق" جس میں صرف خرچ کا ذکر ہے پانچواں باب میں بخل کی مذمت کا ذکر ہے چھٹواں باب میں نقشہ آئینہ نماز اور آئینہ زکوٰۃ اور مختصر نماز کا طریقہ ہے ساتواں باب میں سجدۂ تلاوت اور آٹھواں اور آخری باب مسجدوں و دیگر سجدوں کا مختصر بیان ہے۔

* * * * *

پہلا باب
پرہیز گاروں کی صفات

بسم اللہ الرحمن الرحیم

الٓمٓ ذالک الکتاب لاریب فیہ ھدے للمتقین الذین یؤمنون باالغیب ویقیمون الصلوٰۃ ومما رزقنھم ینفقون (البقرہ ۲:۱۲۳)

ترجمہ: اس کتاب میں کوئی شک نہیں، پرہیز گاروں کیلئے ہدایت کرنے والی ہے، جو لوگ غیب پر ایمان لاتے ہیں اور نماز قائم کرتے ہیں اور ہمارے دیئے ہوئے میں خرچ کرتے ہیں۔

توضیح: الحمدللہ اللہ تعالیٰ کی توفیق سے موضوع کتاب کے تحت قرآن کریم کی پہلی آیات کی توضیح کا شرف حاصل کر رہا ہوں۔

قرآن کریم اللہ کی کتاب ہے اور اس سے صرف ان لوگوں کو ہدایت مل سکتی ہے جو اللہ سے ڈرنے والے ہیں، مفسر القرآن حضرت ابن عباس رضی اللہ عنہ یوں تفسیر فرمائی ہے کہ ''متقین وہ لوگ ہیں جو ایمان لا کر شرک سے دور ہو جائیں اور اللہ تعالیٰ کے جملہ احکامات کو بجا لائیں'' غیب پر ایمان کیا ہے وہی نا جو قرآن میں اور احادیث نبوی ﷺ میں بتایا گیا ہے پھر متقین کی علامتوں سے اہم علامت یہ بتائی گئی ہے کہ یہ لوگ

نماز کو قائم کرنے والے ہوتے ہیں اور یہ مال جو اللہ تعالیٰ نے ہمیں بطور امانت دے رکھا ہے اس میں سے فی سبیل اللہ خرچ کرتے ہیں پھر یہ صفات جن میں ہوں گی وہی متقی ہیں اور یہی اللہ کے پسندیدہ بندے ہیں اس کے بعد کی چوتھی آیت میں مزید تشریح کے ساتھ لوگوں کو اللہ پر اور تمام رسولوں پر اور جو کچھ ان پر نازل ہوا ہے ایمان رکھنے کی تاکید کے ساتھ کامیابی و کامرانی کی سند دی گئی ہے الھم اجعل منھم آمین مسلمانو تم نماز قائم کرنے والے اور ضرورت مندوں و حاجت مندوں پر خرچ کرنے والے بن جاؤ تاکہ ہم سے اللہ تعالیٰ خوش رہے اور ہم اس کی بندگی کا حق ادا کر سکیں۔

واقیموا الصلٰوۃ واتوا الزکٰوۃ وارکعوا مع الراکعین (البقرہ ۲:۴۳)

ترجمہ: اور نمازوں کو قائم کرو اور زکوٰۃ دیتے رہو اور رکوع کرنے والوں کے ساتھ رکوع کیا کرو۔

توضیح: اقامت نماز اور اقامت زکوٰۃ کے بارے میں قرآن کریم کی پہلی آیت ہے اس کے پہلے کی آیات میں یہود و نصاریٰ کو تنبیہ کی گئی ہے کہ تم حق نہ چھپاؤ جب کہ تمہیں اس بات کا علم ہے کہ اللہ کے پیغامبر حضرت محمد رسول اللہ ﷺ سچے رسول ہیں اور آپ پر جو پیغام نازل ہو رہا ہے وہ سچا ہے، یہ جانتے ہوئے بھی تم کس ہٹ دھرمی میں ہو اور اب حق کو تسلیم کرتے ہوئے رحمۃ اللعلمین ﷺ کے ساتھ مل کر نمازیں قائم کرو اور زکوٰۃ کی ادائیگی بھی کرتے رہو رکوع و سجود میں اصحاب کرام کے ساتھ شامل رہا کرو آیت مذکورہ سے کئی مسائل مستنبط ہوتے ہیں مثلاً: حالت نماز میں امام کی پیروی، کسی بھی ارکان میں امام سے سبقت نہ ہو اور جس حالت میں امام ہو بعد میں شریک ہونے والے اسی حالت میں شامل ہو جائیں اقامت صلوٰۃ و اقامت زکوٰۃ سے دین محمدی ﷺ میں عمل پیرا ہونے کا حق ادا ہو گا وغیرہم۔

واذاخذنامیثاق بنی اسرائیل واقیموا الصلوٰۃ واتوالزکوٰۃ وانتم معرضون(البقرہ۸۳:۲)

ترجمہ: اور جب ہم نے بنی اسرائیل سے وعدہ لیا کہ تم اللہ تعالیٰ کے سوادوسرے کی عبادت نہ کرنا اور ماں باپ کے ساتھ اچھا سلوک کرنا اور اسی طرح قرابت داروں اور یتیموں اور مسکینوں کے ساتھ اچھا سلوک کرنا اور لوگوں کو اچھی باتیں کہنا اور نمازیں قائم کرنا اور زکوٰۃ دیتے رہنا لیکن تھوڑے سے لوگوں کے علاوہ تم سب پھر گئے اور منہ موڑ لیا۔

توضیح: اللہ تعالیٰ نے بنی اسرائیل سے جو عہد و پیماں لیا مذکورہ آیت میں واضح ہے جس میں حقوق اللہ اور حقوق العباد کی مثال دی گئی ہے نماز قائم کرنا اور زکوٰۃ کی ادائیگی کرتے رہنا یہ بھی ایک اہم بات ہے جو اس شریعت میں بھی بنی اسرائیل کو کرنے کی تاکید کی گئی تھی مگر بہت کم ہی لوگوں نے اس پر عمل کیا ورنہ اکثریت نے کفر کا راستہ اختیار کیا اسی کفر کے سبب قوم عذاب الٰہی کا شکار ہوئی امت محمدیہ ﷺ کو بھی مذکورہ باتیں کا حکم دیا گیا ہے مگر کتنے لوگ ہیں کہ اس سے منہ موڑے ہوئے ہیں۔

واقیموا الصلوۃ واتولزکوہ وماتقدموالانفسکم من خیر تجدوہ عند اللہ ان اللہ بما تعملون بصیرہ(البقرہ۱۱۰:۲)

ترجمہ: تم نمازیں قائم رکھو اور زکوٰۃ دیتے رہا کرو اور جو کچھ بھلائی تم اپنے لئے آگے بھیجوگے وہ سب کچھ اللہ کے پاس پالوگے بے شک اللہ تعالیٰ دیکھ رہا ہے جو کچھ تم کر رہے ہو

توضیح: یہود و نصاریٰ رحمۃ اللعلمین رسول اللہ ﷺ سے اور مومنین سے بہت زیادہ حسد کرتے تھے اسلام کی شان و شوکت کو دیکھ کر جلے مرتے تھے دوسرے لوگوں کو مسلمانوں کے خلاف بھڑکاتے تھے اور اس کوشش میں تھے کہ مسلمان دین اسلام سے

پھر جائیں اللہ تعالیٰ نے مذکورہ آیت نازل فرمائی کہ آپ ان لوگوں سے درگزر کا معاملہ کریں گویا صبر واستقلال کی تعلیم دی گئی ہے اور مومنوں کو تاکید کی گئی ہے کہ نماز قائم کریں اور زکوٰۃ ادا کرتے رہیں اللہ تعالیٰ اس سے دنیا میں تمہیں غلبہ اور رحمت و مدد عطا کرے گا اور آخرت میں جہاں ایک ایک نیکی کے لئے ترسیں گے وہاں اجر و ثواب کا ذخیرہ نصیب کرے گا ان شاء اللہ۔

لیس البران تولوا واتی المال علی حبھوا اقام الصلوٰۃ واتی الزکوٰۃ اولئک الذین صدقو واولئک ھم المتقون (البقرہ ۲: ۱۷۷)

ترجمہ: نہیں ہے ساری بھلائی مشرق و مغرب کی طرف منہ کرنے میں لیکن بھلائی اس میں ہے کہ جو اللہ پر اور قیامت کے دن پر اور فرشتوں پر اور اللہ کی کتاب پر اور نبیوں پر ایمان لے آئے اور جو اللہ کی محبت میں اپنا مال خرچ کرے قرابت داروں اور یتیموں اور مسکینوں اور مسافروں اور سوال کرنے والوں پر اور غلاموں کو آزاد کرنے میں اور نماز قائم کرے اور زکوٰۃ ادا کرے اور جب وعدہ کرے تو اسے پورا کرے اور صبر کرے، تنگدستی دکھ درد میں اور حالت جنگ میں یہی تو سچے لوگ ہیں اور یہی پرہیز گار متقین ہیں۔

توضیح: آیت مذکورہ میں ایمان کا ماحصل بیان کیا گیا ہے پہلے مومنوں کا قبلہ بیت المقدس کی طرف تھا بعد میں حکم نازل ہوا کہ اپنا چہرہ مسجد حرام کی طرف پھیر لیں مومنوں نے حکم الٰہی کی تعمیل فرمائی مگر بعض اہل ایمان کو شاق گزرا تو اللہ رب العلمین نے آیت ہٰذا نازل فرما کر یہ واضح فرمادیا کہ اصل مقصد اطاعت الٰہی ہے اس کا جو حکم ہے اسے تسلیم کرلیا جائے صحابی اجل حضرت ابوذر رضی اللہ عنہ نے رحمۃ للعلمین رسول اللہ ﷺ سے عرض کہ حضور ایمان کیا ہے؟ تو آپ ﷺ نے آیت مذکورہ پڑھ کر سنا دی

(ابن ابی حاتم) اسی طرح حضرت ابوذر رضی اللہ عنہ سے کسی نے ایسا ہی ایمان کے بارے سوال کیا تو آپ نے بھی یہی آیت پڑھ کر سنا دی اور فرمایا کہ میں نے بھی حضور ﷺ سے یہی سوال کیا تو آپؐ نے بھی یہی آیت پڑھ کر سنائی۔

آیت مذکورہ میں دیگر حقوق کے ساتھ اقامت نماز اور اقامت زکوٰۃ کا بھی ذکر خاص ہے ہمیں چاہئے ہم بھی ان باتوں پر عمل کرنے والے بن جائیں تاکہ ہم مومن ہونے کا حق ادا کر سکیں۔

ان الذین امنوا و عملوا الصلحت واقاموا الصلوٰۃ واتوا الزکوٰۃ لھم اجرھم عند ربھم ولا خوف علیھم ولا ھم یحزنون (البقرہ۲۷۷:۲)

ترجمہ: بے شک جو لوگ ایمان لائے اور نیک اعمال کرتے رہے اور نمازیں قائم کرتے رہے اور زکوٰۃ ادا کرتے رہے ان کا اجر اللہ رب العلمین کے پاس ہے ان پر نہ تو کوئی خوف ہو گا اور نہ کوئی رنج و غم۔

توضیح: اللہ تعالیٰ نے اس سے پہلے کی آیات میں سود اور بیاج کی حرمت و قباحت و نقصان اور تجارت کی حلت و فوائد بیان فرمائے ہیں جو بھی مومن و مسلمان سود کی مہلک و خطرناک دلدل میں پھنسے گا وہ کبھی بھی کامیاب نہ ہو گا اور جو شخص صدقہ و خیرات کرتے رہے گا اس کے کاروبار میں برکت و رحمت نازل ہو گی اور اس کے بعد بتایا گیا کہ ایمان لانے کے بعد نام کے مسلمان نہ رہیں بلکہ عمل صالح نیک اعمال کرتے رہیں نیک اعمال کی اہم علامت اقامت نماز اور زکوٰۃ کی ادائیگی ہے جس سے دنیا و آخرت کی سعادتیں نصیب ہوں گی اور اس کے چھوڑنے والے نہایت بدبخت اور شقی ہیں۔

الم تر الی الذین قیل لھم کفوا ایدیکم واقیموا الصلوٰۃ واتوا الزکوٰۃ فلما کتب والاخرۃ خیر لمن اتقی ولا تظلمون فتیلا (النسآء۷۷:۴)

ترجمہ: کیا آپ نے انہیں نہیں دیکھا جنھیں کہا گیا تھا کہ اپنے ہاتھوں کو روکے رکھو اور نمازیں قائم کرو اور زکوٰۃ ادا کرتے رہو پھر جب ان لوگوں کو جہاد کا حکم دیا گیا تو اسی وقت ان کا ایک گروہ اس قدر ڈرنے لگا جیسے اللہ کا ڈر ہو بلکہ اس سے بھی زیادہ ڈر اور کہنے لگے اے ہمارے رب تو نے ہم پر جہاد کیوں فرض کر دیا؟ کیوں ہمیں تھوڑی سی زندگی اور نہ جینے دی آپ کہہ دیجئے کہ دنیا کا فائدہ تو بہت ہی کم ہے اور پرہیزگاروں کے لئے تو آخرت ہی بہتر ہے تم پر ایک دھاگے کے برابر بھی ظلم نہ کیا جائے گا۔

توضیح: ابتدا اسلام میں جبکہ مسلمان مکۃ المکرمہ میں کمزور اور کم تھے وہاں مشرکین ہر اعتبار سے فوقیت رکھتے تھے اور مومنین پر ظلم کے پہاڑ توڑے ہوئے تھے رحمۃ للعلمین رسول اللہ ﷺ اپنے جاں نثاروں کو صبر و استقلال کی تعلیم دیتے رہتے تھے ادھر مومنین کے جذبات کفار سے مقابلہ کے لئے بے تاب تھے چونکہ اب تک پرامن دعوت کا کام چل رہا تھا مشرکین کے رد عمل میں کوئی ایسی کاروائی کرنے کی آپ ﷺ نے اجازت نہیں دی تھی جس سے تنازعے پیدا ہو اور توحید کی دعوت میں کوئی رکاوٹ اکثر مومنین کے زبانوں میں آجاتا تھا کہ کب جہاد کی آیات نازل ہوں اور ہم کفار کی اینٹ سے اینٹ بجادیں پھر طویل عرصہ کے بعد اللہ تعالیٰ نے ہجرت کا حکم دیا لوگ مکہ المکرمہ چھوڑ مدینہ المنورہ چلے گئے جہاں مومنین کو ہر اعتبار سے تعاون ملا اور اسلام پھولا پھلا اور مومنین کو راحت نصیب ہوئی اسلام کی اشاعت کے لئے راہیں ہموار ہوئیں۔

بعد ہجرت اللہ تعالیٰ نے جہاد کے احکامات نازل فرمائے جہاد کا حکم نازل ہوتے ہی کچھ اللہ کے بندے خوف زدہ ہو گئے میدان جنگ کے تصورات سے بشری تقاضے کے تحت گھبراہٹ میں ان کی زبانوں سے یہ الفاظ نکل گئے کہ اے اللہ ابھی جہاد کیوں فرض ہو گیا اسی پس منظر کو مذکورہ آیات میں بیان کیا گیا ہے۔

اس سے قبل مومنوں کو حکم دیا گیا کہ نمازیں قائم کرو اور زکوٰۃ ادا کرتے رہو اہل ایمان برابر نماز کی پابندی اور زکوٰۃ کی ادائیگی کرتے تھے لیکن تمنا کرتے تھے کہ جہاد بھی فرض ہو جائے احکامات نازل ہوتے ہی مومنوں نے آمنا وصدقنا فرما کر رضی اللہ عنھم و رضو عنہ کے القاب سے ملقب ہوئے البتہ منافقین کا گروہ تادم آخر حیلے بہانے پر قائم رہے آخر ان کا انجام من الدرک الاسفل من النار ہوا۔

لکن الراسخون فی العلم منھم والمومنون یومنون بمآانزل الیک و مآانزل من قبلک والمقیمین الصلوٰۃ والموتون الزکوٰۃ والمومنون باللہ والیوم الاخراولئک سنوتیھم اجراً عظیما(النسآء:۱۶۲)

ترجمہ: لیکن ان میں سے جو کامل اور مضبوط علم والے ہیں اور مومن ہیں ایمان لاتے ہیں اس پر جو آپؐ کی طرف اتارا گیا اور اس پر بھی جو آپ سے پہلے اتارا گیا اور وہ نمازوں کو قائم کرنے والے ہیں اور زکوٰۃ کے ادا کرنے والے ہیں اور اللہ پر روز قیامت کے دن پر ایمان رکھنے والے ہیں، یہی تو ہیں جنھیں ہم بہت بڑے اجر وثواب سے نوازنے والے ہیں

توضیح: اہل کتاب یہود و نصاریٰ کی سرکشی وطغیانی ظلم وزیادتی وحد سے تجاوز و حرام خوری کی وجہ سے ان پر حلال اور پاکیزہ چیزیں حرام کر دی گئی تھیں اور انہیں ان کی حرکتوں کی سزا ملی تھی اور عذاب الٰہی ایسے لوگوں کے لئے تیار ہے۔

مگر کچھ پختہ علم رکھنے والے ان میں بھی تھے جو آپ ﷺ پر ایمان لے آئے جیسے حضرت عبد اللہ بن سلام و حضرت ثعلبہ بن سعید و حضرت اسید بن عبید اللہ حضرت زید بن ابن سعید رضی اللہ تعالیٰ عنھم جن کی تعریف آیت مذکورہ میں ہے کہ وہ اللہ پر یوم آخرت اور کتاب ہذا (قرآن) پر اور سابقہ کتب (توریت، زبور، انجیل) پر بھی ایمان

رکھتے اور ان کی خاص صفات کہ وہ نمازوں کو قائم کرنے والے ہیں اور زکوٰۃ ادا کرنے والے ہیں ایسے ہی لوگوں کے لئے اللہ رب العلمین اجر عظیم کا وعدہ فرمایا ہے۔

ولقد اخذ اللہ میثاق بنی اسرائیل و بعثنا منھم اثنی عشر نقیبا و قال اللہ انی معکم لئن اقمتم الصلوۃ واتیتم الزکوٰۃ وامنتم برسلی (المآئدۃ ۵:۱۲)

ترجمہ: اور تحقیق کہ اللہ نے بنی اسرائیل سے عہد و پیمان لیا، اور انہیں میں سے ہم نے بارہ سرداروں کا انتخاب کیا، اور اللہ نے فرمادیا کہ بے شک میں تمہارے ساتھ ہوں اگر تم نماز کو قائم رکھو گے اور زکوٰۃ دیتے رہو گے اور میرے رسولوں پر ایمان رکھو گے اور ان کی مدد کرتے رہو گے اور اللہ کو قرض حسنہ دیتے رہو گے (فی سبیل اللہ خرچ کرنا) تو ضرور بالضرور میں تمہاری خطاؤں کو درگزر کرونگا اور ضرور تمہیں ان جنتوں میں داخل کرونگا جن کے نیچے سے نہریں بہہ رہی ہیں اب جو تم میں سے اس عہد و پیمان کے بعد اس عہد کو توڑ دے تو یقیناً وہ گمراہی کے راستے میں چل پڑا۔

توضیح: آیت ہٰذا میں بنی اسرائیل کے ایک عہد و پیماں کا ذکر ہے جو آیت کے ترجمہ میں آگیا ہے اللہ نے قیامت تک کے آنے والوں کے لئے عہد کی وفاداری کا حکم دیا ہے اسلام کے پیغام کو لوگوں تک پہنچانے کے اصول بھی بیان کئے گئے ہیں، اور اس میں بتایا گیا ہے کہ اللہ تعالیٰ کی رحمت و نصرت و تائید و مدد اس وقت تک رہے گی جب تک کہ اللہ کے بندے مذکورہ اصول کو اپناتے رہیں گے گویا شرط مشروط ہے اگر مسلمان اس شرط سے ہٹے تو ذلت ورسوائی ان کا استقبال کرے گی اذافات الشرط فات المشروط کے تحت ان کا براحشر ہو گا تعلق باللہ کے لئے ایک خاص وصف نماز کا قائم کرنا اور زکوٰۃ کا ادا کرنا ہے جو قوم اس سے محروم ہو گی اس کا انجام کار؟

انما ولیکم اللہ ورسولہ والذین امنوالذین یقیمون الصلوۃ ویوتون الزکوٰۃ وھم رکعون

(المآئدہ٥٦:٥!٥٥)

ترجمہ : مسلمانو!یقیناً اللہ تمہارا دوست ہے اور اس کے رسول (ﷺ)ہیں اور ایمان والے ہیں، جو نمازوں کی پابندی کرتے ہیں اور زکوٰۃ ادا کرتے ہیں یہی تو ہیں اللہ کے سامنے جھکنے والے اور بھلا جو شخص اللہ سے اور اس کے رسول سے اور مومنوں سے دوستی کرے یقین مانو یہی ہے اللہ کی جماعت جو ہمیشہ غالب رہے گی

توضیح:مومنین کو بتایا جارہا ہے کہ تمہارے دوست کفار و مشرکین نہیں ہیں اور نہ یہود و نصاریٰ بلکہ حقیقت تمہارے دوست اللہ اور اس کے رسول اور اہل ایمان ہیں کب ؟ جبکہ تم نمازوں کو قائم کرنے والے اور زکوٰۃ کے ادا کرنے والے بن جاؤ کیونکہ ان اوصاف سے تم اللہ تعالیٰ کے عاجز و منکسر بندے کہلاؤ گے پھر جو اللہ تعالیٰ کے دوست ہو جائیں گے تو کیا انہیں کوئی مغلوب کر سکتا ہے ؟ ہر گز نہیں کیونکہ یہ گروہ حزب اللہ اللہ کی جماعت ہو جائے گی اور اللہ کی جماعت کبھی مغلوب نہ ہو گی ان شاء اللہ پھر اس میں مومنوں کو اشارہ دیا گیا ہے کہ دوستی صرف اور صرف اہل ایمان سے کریں جو مذکورہ اوصاف سے متصف ہوں یہاں تک کہ بے نمازی ،بے دین، بے زکاتی سے بھی ہر گز دوستی نہ کی جائے چونکہ وہ شقی القلب ہے اللہ کے سامنے جھکنے سے بیزار رہے۔

فاذا انسلخ الاشھر الحرم فاقتلوا المشرکین حیث وجد تموھم وخذ وھم واحصروھم واقعدوا لھم کل مرصد فان تابوا واقاموا الصلوۃ واتوا الزکوٰۃ فخلوا سبیلھم ان اللہ غفور رحیم

(التوبہ ٩:٥)

ترجمہ :پھر جب حرمت والے مہینے گزر جائیں تو مشرکین کو جہاں کہیں پاؤ قتل کر ڈالو اور ہر جگہ تاک میں بیٹھ کر ان کا محاصرہ کرو پھر اگر یہ توبہ کریں اور نمازیں قائم کرنے لگیں اور زکوٰۃ ادا کرنے لگیں تو ان کا راستہ چھوڑ دو بے شک اللہ بخشنے والا مہربان ہیں

توضیح: معاہدہ، عہد وپیماں اور وعدہ کی اسلام میں بڑی اہمیت ہے اس کا اندازہ نزول سورۂ توبہ کے سیاق وسباق سے لگایا جاسکتا ہے ٦ھ میں رحمۃ اللعلمین رسول اللہ ﷺ اور مشرکین کے درمیان دس سال کے لئے ایک اہم معاہدہ ہوا تھا (جس کی تفصیل جاننے کے لئے مکمل تفسیر سورۂ توبہ تفسیر ابن کثیر کا مطالعہ فرمائیں)۔

لیکن مشرکین نے صرف چھ مہینے میں اس معاہدہ کی خلاف ورزی کر دی اور عہد کو توڑ دیا اللہ رب العلمین کو مشرکین کی دغابازی اس قدر ناپسند ہوئی اللہ تعالیٰ نے غصہ میں سورۃ توبہ نازل فرمادی جس کے شروع میں بسم اللہ الرحمن الرحیم نہیں ہے اور اللہ تعالیٰ نے مشرکین سے بیزاری کا اعلان فرمادیا اور رحمۃ اللعلمین ﷺ کو اجازت دے دی کہ اب آپ ان کی اینٹ سے اینٹ بجادیں جو آیات مذکورہ میں بتایا گیا ہے کہ اب انہیں قتل کرو جہاں کہیں پاؤ اور اس وقت تک ان کو کاٹو جب تک کفر سے توبہ نہ کرلیں یہ نہیں کہ ہمارے آپ کے جیسے مسلمان بے نمازی بے زکاتی بن جائیں بلکہ وہ نمازیں قائم کرنے لگیں اور زکوٰۃ ادا کرنے لگیں تو اللہ تعالیٰ نے ان کی جان ومال کی حفاظت کا حکم صادر فرمایا کہ اب ان کا راستہ چھوڑ دو کیوں کہ اب وہ رحمت الٰہی میں آگئے ہیں اقامت نماز اور اقامت زکوٰۃ اس کے بغیر کوئی بھی مسلمان اور مومن نہیں بن سکتے۔

فان تابوا واقاموا الصلوٰۃ واتوا الزکوٰۃ فاخوانکم فی الدین ونفصل الآیات لقوم یعلمون (التوبۃ ٩:١١)

ترجمہ: توپھر اگر یہ لوگ توبہ کرلیں، اور نمازوں کو قائم کرنے لگیں اور زکوٰۃ ادا کرنے لگیں تو پھر یہ تمہارے دینی بھائی ہیں اور ہم کھول کھول کر آیات بیان کر رہے ہیں علم والوں کے لئے۔

توضیح: چونکہ آیت ہٰذا بھی سورۃ توبہ کی ہے اور اس سے قبل کی آیات میں اس کی

توضیح ہو چکی ہے مطلب یہ ہے کہ اگر مشرکین اپنی حرکتوں سے باز آجائیں اور کفر کو خیر باد کہہ دیں نماز وزکوٰۃ کے پابند ہو جائیں تو مومنوں کو چاہئے کہ ان کے گزشتہ کارناموں کو فراموش کر دیں اور اب انہیں اپنا دینی بھائی سمجھیں کیوں کہ رب کائنات نے دائرہ اسلام میں داخل ہونے کے بعد نمازیں قائم کرنے والوں کو اور زکوٰۃ ادا کرنے والوں کو دینی بھائی ہونے کا سرٹیفکٹ عنایت فرمایا ہے۔

ماکان للمشرکین ان یعمروا مسجد اللہ شھدین علی انفسھم بالکفر اولئک حبطت اعمالھم وفی النار ھم خلدون انما یعمر مسجد اللہ من امن باللہ وبالیوم الاخر واقام الصلوۃ واتی الزکوٰۃ ولم یخش الا اللہ فعسی اولئک ان یکونوا من المھتدین (التوبہ ۱۸۔۱۷:۹)

ترجمہ: مشرکین کے لئے لائق ہی نہیں کہ اللہ کی مسجدیں آباد کریں کیوں کہ وہ خود اپنے کفر کی وجہ سے گواہ ہیں ان کے اعمال اکارت ہوگئے ہیں اور وہ جہنم میں ہمیشہ کے لئے داخل ہونے والے ہیں اللہ کی مسجدیں تو وہی لوگ آباد کرتے ہیں جو ایمان لائے ہیں اللہ پر اور آخرت کے دن پر اور نمازوں کو پابندی کے ساتھ پڑھتے ہیں اور زکوٰۃ دیتے رہتے ہیں اور وہ اللہ کے سوا کسی سے ڈرتے بھی نہیں ہیں پس عنقریب یہی لوگ ہیں ہدایت والے۔

توضیح: آیت ہٰذا کا شان نزول اس طرح ہے کہ حضرت عبد اللہ ابن عباس رضی اللہ نما روایت کرتے ہیں کہ حضرت عباس بن عبد المطلب رضی اللہ عنہ اسلام قبول کرنے سے پہلے جبکہ غزوہ بدر میں گرفتار کر کے مدینہ لائے گئے تو انہیں اصحاب کرامؓ نے ان کے کفر پر ملامت کئے اور ان کو ان کے شرک پر عار دلائی تو حضرت عباس نے جواب دیا کہ تم لوگ صرف ہماری برائیوں کے گن گارہے ہو اور ہماری اچھائیوں اور نیکیوں کو نہیں دیکھتے؟ ہم کعبۃ اللہ کے خادم ہیں حجاج کرام کی خدمت کرتے ہیں انہیں پانی پلاتے

ہیں اور اسی طرح مشرکین مکہ کو اس پر فخر و ناز تھا، اللہ تعالیٰ نے ان کے اس مشرکانہ عقائد کے جزاء کی حقیقت کو واضح کرنے کے لئے آیات مذکورہ نازل فرمادی کہ اللہ کے اس متبرک گھر کو صرف اور صرف اہل ایمان ہی اس کی آبادکاری کا حق ادا کرسکتے ہیں جو اللہ پر اور یوم آخرت پر ایمان رکھتے ہوئے نمازوں کو قائم کرتے ہیں زکوٰۃ ادا کرتے ہیں اور وہ لوگ اللہ تعالیٰ کے سوا کسی سے نہیں ڈرتے معلوم ہوا کہ اقامت نماز اور ادائیگی زکوٰۃ اہم امور ہیں۔

والمومنون والمومنت بعضھم اولیآء بعض یامرون بالمعروف وینھون عن المنکر ویقیمون الصلوۃ ویوتون الزکوٰۃ ویطیعون اللہ ورسولہ اولئک سیر حمھم اللہ ان اللہ عزیز حکیم وعد اللہ (التوبہ ۷۲،۷۱:۹)

ترجمہ :اور ایمان والے مرد (مومن) اور ایمان والی عورتیں (مومنہ) ایک دوسرے کے یار و مددگار ہیں وہ لوگ نیک باتوں کا حکم کرتے ہیں اور برائی سے روکتے ہیں اور نمازیں قائم کرتے ہیں اور زکوٰۃ دیتے رہتے ہیں اور اطاعت کرتے ہیں اللہ کی اور اس کے رسول کی یہی لوگ ہیں اصل جن پر اللہ رحم و کرم فرماتا ہے، بے شک اللہ زبردست غالب اور حکمت والا ہے۔

اللہ کا وعدہ ہے مومن مرد اور مومنہ عورتوں کے لئے ایسی جنتوں کا جن کے نیچے نہریں بہ رہی ہیں ہیشگی کی جنت میں صاف ستھرے محل میں رہنے کا اور اللہ کی رضا و خوشنودی سب سے بڑی ہے اور یہی بڑی کامیابی ہے۔

توضیح: یہاں مومنین کی صفات بیان کئے گئے ہیں مومن و مسلمان کا باہم ربط و ضبط کیا ہونا چاہئے اس کا خلاصہ ہے افسوس صد افسوس آج ہم تعلیمات بالا سے کورے ہیں اس اوصاف کے الٹ ہماری زندگی ہے مومن، مومن دوست و مددگار نہیں امر

بالمعروف و نہی عن المنکر سے غفلت اقامت نماز اور ادائیگی زکوٰۃ سے دور ہیں اللہ اور اس کے رسول کے اتباع کے بجائے ہم کسی اور کی اتباع کر رہے ہیں کہیں ایسا تو نہیں کہ جو اوصاف منافقین کے بتائے گئے ہیں اس پر ہم عامل ہوں آیئے ذرااس کا بھی جائزہ لیں اللہ نے ارشاد فرمایا: منافق مرد اور منافقہ عورتیں آپس میں سب ایک ہی ہیں جو حکم کرتے ہیں برائی کا اور روکتے ہیں بھلائی سے اور بند رکھتے ہیں اپنے ہاتھ (یعنی بخیل ہیں اللہ کے راستے میں خرچ نہیں کرتے) اور اللہ کو بھول گئے ہیں تو اللہ نے انہیں بھلا دیا یقیناً منافقین نافرمان ہیں۔ (التوبہ ۶۷تا۶۸ :9) آج کا مسلمان اپنی شکل قرآنی آئینہ میں دیکھے۔

قال انی عبد اللہ، اتنی الکتب وجعلنی نبیا وجعلنی مبرا کا این ما کنت واوصنی با الصلوۃ والزکوٰۃ مادمت حیاوبر بوالدتی ولم یجعلنی جبارا شقیا(مریم ۳۲تا۳۰ :19)

ترجمہ: بچہ بول اٹھا کہ یقیناً میں اللہ کا بندہ ہوں، اس نے مجھے کتاب عطا فرمائی ہے اور مجھے اپنا پیغمبر بنایا ہے، اور اس نے مجھے بابرکت کیا ہے، جہاں بھی میں رہوں، اور اس نے مجھے خصوصی وصیت فرمائی کہ میں نماز اور زکوٰۃ کی پابندی کرتا رہوں جب تک بھی زندہ رہوں اور اس نے مجھے اپنی والدہ کا فرمانبردار و خدمت گزار بنایا ہے اور مجھے سرکش اور بدبخت نہیں بنایا۔

توضیح: اللہ تعالیٰ نے حضرت آدم علیہ السلام کو مٹی سے بنایا بنا کسی ماں باپ کے اور حضرت حوا علیہ السلام کو آدم علیہ السلام کی بائیں پسلی سے پیدا کر دیا بنا کسی ماں باپ کے اسی طرح حضرت مریم علیہ السلام کے بطن سے حضرت عیسیٰ علیہ السلام کو پیدا فرما دیا بنا کسی باپ کے جب آپ کی پیدائش ہوئی تو حضرت مریمؑ کو قوم کے لوگوں نے طعنے دینا شروع کر دیا اور ایسی پاکدامن جن کی پاکبازی اور پارسائی کی تعریف خود خالق کائنات نے کی ہے، حضرت مریم علیہ السلام نے فرمایا کہ ابھی تمہاری غلط فہمیاں دور ہو جاتی ہیں

قدرت الٰہی اپنا جلوہ دکھاتی ہے مریم علیہ السلام کی گود میں روح اللہ نے قوم کے لوگوں کی زبان میں تالے لگا دیئے اور اس ننھے بچے نے اللہ تعالیٰ کے حکم سے جو گفتگو فرمائی آیات بالا میں مذکور ہے۔

ذرا غور فرمائیں کہ اللہ رب العلمین نے حضرت عیسیٰ علیہ السلام کو جو تعلیم سکھلائی جو خصوصیت کے ساتھ تا دم آخر نماز قائم کرنے اور زکوٰۃ ادا کرنے کی وصیت فرمائی اور اسی کے ساتھ ماں کی خدمتگاری اور فرمانبرداری کی تعلیم ہے اور جو مذکورہ احکامات پر عمل نہ کرے وہ یقیناً بڑا سرکش اور بڑا بدبخت ہے۔

واذکر فی الکتاب اسماعیل انہ کان صادق الوعد وکان رسولا نبیا وکان یامر اھلہ بالصلوۃ والزکوٰۃ وکان عند ربہ مرضیا (مریم ۱۹:۵۵)

ترجمہ: اس کتاب میں اسماعیل علیہ السلام کا واقعہ بھی ذکر کر وہ بڑا ہی وعدہ کا سچا تھا اور وہ پیغامبر اور نبی تھے، وہ اپنے گھر والوں کو برابر نماز اور زکوٰۃ کا حکم کرتے تھے اور تھے بھی وہ اپنے پروردگار کے پسندیدہ اور مقبول بندے۔

توضیح: آیت ہٰذا میں حضرت اسماعیل علیہ السلام کی سیرت طیبہ پر روشنی ڈالی گئی ہے حالانکہ جتنے انبیاء کرام علیہم السلام اس دنیا میں تشریف لائے ہیں سب ہی اللہ کے برگزیدہ بندے اور معصوم تھے مگر اللہ رب العلمین ہر پیغامبر کی الگ الگ صفات بیان فرمائی ہے کہ آپؑ کے ہی نسل سے سارا عرب ہے اور خود شریعت محمدی ﷺ بھی ملت ابراہیمیؑ ہے اس لئے اس امت مسلمہ کے لئے ایک مثال دی گئی ہے کہ اسماعیلؑ بڑے وعدہ کے سچے تھے اور نمازوں کی پابندی اور زکوٰۃ کی ادائیگی کرتے تھے اور اپنے اہل کو بھی اس کا حکم فرماتے تھے۔

خود حضور پاک ﷺ نے حکم دیا کہ آپ بھی اپنے اہل و عیال کو نماز کا حکم کریں

اور آپ بھی اس پر پابندی سے قائم رہیں۔

ووھبنالہ اسحاق ویعقوب نافلۃ وکلاجعلنا صلحین و جعلنھم ائمۃ یھدون بامرنا واوا حینآ الیھم فعل الخیرات واقام الصلوۃ وایتاء الزکوٰۃ وکانوا لنا عابدین (الانبیآء ۲۱:۷۳-۷۲)

ترجمہ: اور ہم نے اسے اسحاق عطا فرمایا اور یعقوب اور زیادہ اور ہر ایک کو ہم نے نیک وکار بنایا اور ہم نے انہیں رہنما بنا دیا کہ ہمارے حکم سے لوگوں کی رہنمائی کریں اور ہم نے ان کی طرف وحی بھیجی کہ نیک کام کریں اور نمازیں قائم کریں اور زکوٰۃ دیتے رہیں اور وہ سب کے سب ہمارے عبادت گزار بندے تھے۔

توضیح: آیات بالا سے قبل حضرت خلیل اللہ ابراہیم علیہ السلام کا بالتفصیل تذکرہ ہے اللہ تعالیٰ نے آپؑ کی نیکوکاری کے تذکرہ کے ساتھ اقامت نماز اور اقامت زکوٰۃ کا بھی خصوصی ذکر فرمایا ہے تاکہ آپ کی پیروی کرنے والے جان لیں کے اللہ کے پیغامبروں کو بھی اس سے مستثنیٰ نہیں رکھا گیا جب رسولوں کو بھی نمازوں اور زکوٰۃ کی پابندی کا حکم ملا تو پھر ہم آخر اس اہم فریضہ سے غافل کیوں ہیں یہ بھی یاد رہے کہ جو ان پر عمل کرے گا وہ اصل اللہ تعالیٰ کی عبادت گزار ہونے کا حق ادا کرے گا۔

الذین ان مکنھم فی الارض اقاموا الصلوۃ واتوا الزکوٰۃ وامروا بالمعروف ونھوا عن المنکر وللہ عاقبۃ الامور (الحج ۲۲:۴۱)

ترجمہ: یہ وہ لوگ ہیں کہ اگر ہم ان کو زمین میں حکمرانی دیں تو یہ پوری پابندی سے نمازیں ادا کریں اور زکوٰۃ دیتے رہیں اور نیک کاموں کا حکم کریں اور برے کاموں سے روکیں اور تمام کاموں کا انجام اللہ ہی کے اختیار میں ہیں

توضیح: آیات بالا رحمۃ اللعلمین ﷺ کے جاں نثاروں صحابہ کرام رضی اللہ عنھم اجمعین کے بارے میں نازل ہوئی جنھوں نے اللہ تعالیٰ اور اس کے رسول ﷺ کی

خوشنودی کے لئے اپنے وطن عزیز کو چھوڑ کر اللہ کے دین کی سربلندی کے لئے نکل پڑے اور جب ان کے پاؤں اللہ تعالیٰ نے جما دیئے تو اقامت نماز اور ادائیگی زکوٰۃ اور امر بالمعروف و نھی عن المنکر کی ایسی مثال قائم کئے کہ قیامت تک آیات قرآنی واحادیث نبوی ﷺ ان کے اوصاف جمیلہ کی گواہی دیتے رہیں گے ان شاء اللہ۔

وجاھدوا فی اللہ حق جھادہ ھو اجتبکم وما جعل علیکم فی الدین من حرج ملۃ ابیکم ابراھیم ھو سمکم المسلمیں من قبل وفی ہذا لیکون الرسول شھیدا علیکم وتکونوا شھدآء علی الناس فاقیموا الصلوۃ واتوا الزکوٰۃ واعتصموا باللہ ھو مولکم فنعم المولیٰ ونعم النصیر (الحج ۷۸:۲۲)

ترجمہ: اللہ کے راستہ میں ویسا ہی جہاد کرو جیسے جہاد کا اس کا حق ہے اسی نے تم کو برگزیدہ بنایا ہے اور تم پر دین کے معاملہ میں کوئی تنگی نہیں ڈالی دین اپنے باپ ابراہیمؑ کا قائم رکھو اسی اللہ نے تمہارا نام مسلمان رکھا اس قرآن سے پہلے اور اس میں بھی تاکہ پیغمبر تم پر گواہ ہو جائے اور تم تمام لوگوں کے گواہ بن جاؤ پس تمہیں چاہئے کہ نمازیں قائم رکھو اور زکوٰۃ ادا کرتے رہو اور اللہ ہی کو مضبوط تھامے رہو وہی تمہارا ولی اور مالک ہے، پس کیا ہی اچھا مالک ہے اور کتنا ہی بہتر مدد گار ہے۔

توضیح: اس آیت میں جہاد فی سبیل اللہ کی ترغیب ہے جہاد کے چند شرائط ہیں، مثلاً قرآن کریم کی تعلیم میں پابندی لگا دینا، مساجد کی مسماری اذان اور نمازوں پر پابندی اور ناحق اہل اسلام پر ظلم ڈھانا وغیرہم جو بھی ملک اس کا مرتکب ہو گا تو مسلمانوں پر لازم ہو گا کہ وہ اپنے دین اسلام کے تحفظ اور اسلام کے وقار اور اعلاء کلمۃ اللہ کے لئے اپنے جان و مال کی قربانی دے کر جہاد کا حق ادا کریں اور اس وقت تک یہ جاری رہے گا جب تک کہ ظالم مذکورہ پابندیوں کو نہ ہٹالیں۔

اسی طرح اسلام دین فطرت ہے جو آسان دین ہے اللہ تعالیٰ نے ہم پر ایسے

احکامات نازل نہیں فرمائے کہ اسے بجانہ لایا جائے نماز دین کا ستون ہے اس کے لئے وضو کا طریقہ بتایا گیا ہے کہ پانی میسر نہ ہو تو تیمم کر لیا جائے یا کوئی بیمار ہے تو اس کے لئے تیمم کافی ہے کوئی کھڑا ہو کر نماز نہیں پڑھ سکتا اس کے لئے بیٹھ کر نماز پڑھنا اور جو بیٹھ کر بھی نہ پڑھ سکے تو وہ لیٹ کر اور اشاروں سے پڑھنے کا حکم دیا ہے حالت خوف میں صلوۃ خوف، حالت سفر میں قصر و جمع بین صلاتین روزے رمضان میں بھی مریض و مسافر کے لئے رخصت وغیرہ اسی طرح اہل ایمان کے لئے سال میں صرف دو ہی تہوار عیدین یعنی عید الفطر اور عید الاضحی ہیں مگر آج کے پیٹ بھر و علماء سوء نے امت کو گمراہ کر کے ان پر بے شمار رسم ورواج مسلط کر دیئے ہیں مثلاً مزارات پرستی میں عرس کی ایجاد اور قوالیوں کے تماشے، پیر پرستی اور صندل نکالنا، تیجہ اور چہلم اور گیارہویں کے پلاؤ، رجب کے کونڈے اب کیا کیا گنایا جائے جس کا دین اسلام سے ذرہ برابر بھی تعلق نہیں ہے بس اتنا ہی کہا جا سکتا ہے کہ "امت خرافات میں کھوگئی" اللہ تعالیٰ نے ملت ابراہیمی پر قائم رہنے کی تاکید فرمائی ہے اور ہمارا نام مسلم رکھا گیا ہے جس کا مطلب یہ ہے کہ ہر اعتبار سے اللہ ہی کی عبادت کرنا اس کے فرمانبردار بن کر زندگی گزارنا۔

اللہ تعالیٰ نے ہمیں اسی اطاعت اور فرمانبرداری کے لئے اقامت نماز اور ادائیگی زکوٰۃ کا حکم فرمایا آیت مذکورہ میں ایک نقطہ پر ہم نظر دوڑائیں "اور اللہ ہی کو مضبوط تھامے رہو" اگر ہم مذکورہ امور پر عمل کرتے ہیں تو تعلق باللہ قائم ہو گا ورنہ زبانی دعوے تو یہود و نصاریٰ کفار و مشرکین سب ہی کرتے ہیں۔

رجال تلھیھم تجارۃ ولا بیع عن ذکر اللہ واقام الصلوۃ وایتاء الزکوٰۃ یخافون یوماً تتقلب فیہ القلوب والابصار (النور ۳۷:۲۴)

ترجمہ: ایسے لوگ جنھیں تجارت اور خرید و فروخت اللہ کے ذکر سے اور نماز کے

قائم کرنے اور زکوٰۃ کے ادا کرنے سے غافل نہیں کرتی وہ اس دن سے ڈرتے ہیں جس دن بہت سے دل اور بہت سی آنکھیں الٹ پلٹ ہو جائیں گی

توضیح: آیت ہٰذا میں ان لوگوں کی تعریف کی گئی ہے جو باوجود مصروف تجارت اور مشغول کاروبار ہونے کے کبھی اللہ تعالیٰ کے ذکر سے غافل نہیں رہتے ہیں چونکہ انہیں اللہ کا خوف لگا رہتا ہے، جب بھی اور جہاں بھی نماز کا وقت ہو جائے وہ فوراً ادائیگی کے لئے حاضر ہو جاتے ہیں آیت کریمہ سے معلوم ہوا کہ جو لوگ نمازیں قائم نہیں کرتے اور زکوٰۃ کی ادائیگی نہیں کرتے ان کے دل بڑے سخت ہوتے ہیں اور وہ لوگ قیامت کے دن کے بھی انکاری ہیں ایسے لوگ اللہ تعالیٰ کی اس سرزمین میں بوجھ ہیں اور قیامت کے دن ان کے لئے رسوائی اور دردناک عذاب ہے

وعد اللہ الذین امنوا منکم و عملوا الصلحت لیستخلفنھم فی الارض ومن کفر بعد ذالک فاولئک ھم الفسقون واقیموا الصلوۃ واتوا الزکوٰۃ واطیعوا الرسول لعلکم ترحمون (النور ۲۴:۵۵۵۶)

ترجمہ: اللہ وعدہ فرما چکا ہے تم میں سے ان لوگوں کے لئے جو ایمان لائے اور نیک اعمال کئے کہ انہیں ضرور زمین کی حکمرانی عطا فرمائے گا اسی طرح جیسے اس سے پہلے کے لوگوں کو عطا فرمایا تھا اور یقیناً ان لوگوں کے لئے ان دین کو مضبوطی کے ساتھ محکم کر کے جما دے گا، جسے ان کے لیے وہ پسند کر چکا اور ان کے خوف و خطرہ کو وہ امن و امان سے بدل دے گا کہ وہ لوگ میری ہی عبادت کریں گے، میرے ساتھ کسی کو بھی شریک نہیں ٹھہرائیں گے اور اس کے بعد بھی جو لوگ ناشکری اور کفر کریں گے یقیناً وہ لوگ فاسق ہی ہیں اور نماز کی پابندی کرو اور زکوٰۃ ادا کرتے ہو اور اطاعت کرو ہمارے پیغامبر کی تاکہ تم پر رحم و کرم کیا جائے۔

توضیح: اللہ تعالیٰ نے آیات ہذا میں اہل ایمان سے ایک وعدہ فرمایا ہے اس سرزمین کی حکمرانی وبالادستی جو ایمان اور نیک اعمال کے ساتھ مشروط ہے اور یہ وعدہ اللہ تعالیٰ نے خلافت راشدہ کی شکل میں پورا بھی فرمایا اور اس نے مومنوں کو زمین میں غلبہ عطا فرمایا اور اپنے پسندیدہ دین اسلام کو عروج بخشا اور مومنوں کے خوف وڈر کو امن وسکون سے بدل دیا اسلام سے پہلے وہی عرب میں لوٹ مار، چوری ڈکیتی عام تھی، خواتین کی آبرو محفوظ نہیں تھی جب نبوت کی شعاعیں حجاز میں پڑتی ہیں تو وہ وقت بھی آیا کہ ایک عورت تن تنہا مقام حیرہ سے چل پڑتی ہے اور بیت اللہ کا طواف کرتی ہے اسے سوائے اللہ کے اور خوف نہیں رہتا اور امن وسکون سے واپس چلی جاتی ہے اسی طرح قیصر وکسریٰ کے خزانے مومنوں کے قدموں کے نیچے ڈھیر ہوگئے یہ کون لوگ تھے؟ یہ وہ لوگ تھے جنھوں نے توحید باری تعالیٰ کو اپنایا تھا یہ وہ لوگ تھے جنھوں نے تلواروں کے سائے میں بھی نمازوں کو نہیں چھوڑا اور زکوٰۃ کی ادائیگی کے لئے جن کو وقت کا شدت سے انتظار رہتا تھا اور اللہ کے رسول کی اطاعت میں ایسے محو تھے کہ رب کائنات نے ان کے ایمان ویقین تعریف فرمائی ہے۔

سیماھم فی وجوھم من اثر السجود (الفتح ۴۸:۲۹)

"نماز اور زکوٰۃ کی اہمیت کو انھوں نے سمجھا تھا اسی لئے وہ لوگ رحم کئے تھے"

اور آج ہم ہیں کہ ہماری شکلوں پر بارہ بج رہے ہیں چوپاؤں کی طرح دن بھر ہوٹلوں اور بازاروں میں بیٹھ کر شیطان کو خوش کرتے ہیں اور گدھوں کی طرح دن چڑھے تک سوئے رہتے ہیں کیا خاک ہمیں سربلندی نصیب ہوگی۔

بسم اللہ الرحمن الرحیم

طٰسٓ تلک آیات القران وکتاب مبین ھدی وبشری للمؤمنین الذین یقیمون الصلوۃ

ویوتون الزکوٰۃ وھم باالاخرۃ ھم یوقنون (النمل ۲۷:۱۲۳)

ترجمہ: طٰسٓ یہ قرآن کی آیتیں ہیں اور واضح روشن کتاب ہدایت اور خوش خبری ہے ایمان والوں کے لئے جو نمازیں قائم کرتے ہیں اور زکوٰۃ ادا کرتے ہیں اور یہی تو ہیں آخرت پر ایمان ویقین رکھنے والے۔

توضیح: طٰسٓیہ حروف مقطعات میں سے ہیں جس کے معنی و مراد اللہ تعالیٰ کے ہی علم میں ہیں اس کے بعد قرآن مجید کے فہم اور آسانی کی وضاحت کتنے احسن انداز میں بیان کئے گئے ہیں "واضح روشن کتاب" افسوس کہ امت مسلمہ کو علماء سوء نے خواہ مخواہ الجھا دیا کہ یہ قرآن تمہارے سمجھ سے باہر ہے اس لئے آج گمراہی کا بازار گرم ہے بہر کیف اللہ تعالیٰ نے نمازیں قائم کرنے والوں اور زکوٰۃ کے ادا کرنے والوں کو آخرت پر ایمان و یقین رکھنے والے قرار دیا ہے گویا بے نمازی اور بے زکاتی منکرین اسلام ہیں!۔

بسم اللہ الرحمن الرحیم

الٓمٓ تلک آیت الکتب الحکیم ھدًورحمۃ للمحسنین الذین یقیمنون الصلوۃ ویوتون الزکوٰۃ وھم بالاخرۃ ھم یوقنون (لقمان ۳۱:۱۲۳۴)

ترجمہ: الٓمٓ یہ حکمت والی کتاب کی آیتیں ہیں جو نیکو کاروں کے لئے رہبر اور (سراسر) رحمت ہے جو نمازوں کو پابندی سے ادا کرتے ہیں اور زکوٰۃ بھی پابندی سے دیتے رہتے ہیں اور آخرت پر کامل یقین رکھتے ہیں اور یہی لوگ ہیں اپنے رب کی ہدایت پر اور یہی لوگ نجات پانے والے ہیں

توضیح: الٓمٓ حروف مقطعات میں سے ہیں جن کے معنی و مطالب صرف اللہ ہی کو ہیں اس کے بعد اللہ تعالیٰ نے آیات کے اعجاز کا ذکر فرمایا اور کفار و مشرکین کے بطلان اور اس کا رد فرما کر اس پر عمل کرنے والوں کو بشارت عظمیٰ کی سند عطا کی گئی ہے محسنین کہتے

ہیں احسان کرنے والا اور نیکیاں کرنے والا اور اللہ تعالیٰ کی عبادت پورے اخلاص کے ساتھ کرنے والا کہ اس کی عبادت میں کسی کو شریک نہ کیا جائے اس کے بعد تشریح موجود ہے کہ اصل ہدایت پانے والے کون لوگ ہیں جو نمازیں قائم کرتے ہیں اور زکوٰۃ ادا کرتے رہتے ہیں یہی لوگ ہیں جو اپنے رب کی طرف سے ہدایت پر ہیں اور یہی لوگ کامیابی سے ہمکنار ہونے والے ہیں سبحان اللہ۔

یٰنسآء النبی لستن کا حد من النسآء وقرن فی بیوتکن ولا تبرجن تبرج الجاھلیۃ الاولیٰ واقمن الصلوۃ واتین الزکوٰۃ واطعن اللہ ورسولہ انما یرید اللہ لیذھب عنکم الرجس اھل البیت ویطھرکم تطھیرا واذکرن مایتلیٰ فی بیوتکن من آیات اللہ والحکمۃ ان اللہ کان لطیفا خبیرا (الاحزاب ۳۴،۳۳:۳۳)

ترجمہ: اے نبی کی بیویو! تم عام عورتوں کی طرح نہیں ہو اگر تم پرہیز گاری اختیار کرو تو نرم لہجے سے بات نہ کرو کہ جس کے دل میں بیماری ہو وہ کوئی برا خیال کرے اور ہاں قاعدے کے مطابق کلام کرو اور اپنے گھروں میں قرار سے رہو اور قدیم جہالت کے دور کی طرح اپنے بناؤ سنگھار کا اظہار نہ کرو اور نمازیں برابر ادا کرتی رہو اور زکوٰۃ بھی دیتی رہو اور اللہ اور اس کے رسول کی اطاعت کرتے رہو اللہ یہی چاہتا ہے کہ اے نبی کے گھر والیو! تم سے وہ ہر قسم کی گندگی کو دور کردے اور تمہیں خوب پاک کردے اور تمہارے گھروں میں اللہ کی جو آیتیں اور رسول کی احادیث پڑھی جاتی ہیں ان کا ذکر کرتی رہو یقیناً اللہ باریک سے باریک خبر رکھنے والا ہے۔

توضیح: نبوت کے ابتدائی حالات بڑے ہی آزمائشی تھے فیضان محمدی ﷺ تھا کہ مومنین صبر و ثبات و استقلال کے پہاڑ ثابت ہوئے مدنی دور بھی کچھ کم نہ تھا پھر اللہ تعالیٰ مومنین کے قدم جما دیئے اور فتوحات کے دروازے کھلے تو چین و، سکون حاصل ہوا

مومنین کی حالت پہلے سے بہتر ہو گئی اس سے قبل خود رحمۃ اللعلمین رسول اللہ ﷺ کے گھرانے کا حال ایسا تھا کہ کئی کئی دن چولہے نہیں جلتے تھے آپؐ اور آپ کی ازدواج مطہرات کے فاقوں کا معمول بن چکا تھا بعد میں مال غنیمت سے اللہ تعالیٰ نے غناء کے دروازے کھول دیئے اور انصار و مہاجرین خوشحالی کی زندگی میں آ چکے تھے تو ان کی عورتوں کو دیکھ کر، امہات المومنینؓ بھی رحمۃ اللعلمین ﷺ سے مزید نان و نفقہ گھریلو ضرورتوں کے اضافے کا۔

مطالبہ فرمانے لگیں رحمۃ اللعلمین ﷺ کی زندگی کا کیا کہنا کسی نے سچ کہا ہے کہ سلام اس پر کہ جس نے بادشاہی میں فقیری کی اس لئے ازدواج مطہرات کے مطالبے پر ایسے کبیدہ خاطر ہوئے کہ بیویوں سے علیحدگی اختیار فرما لی بالآخر ایک مہینے کے بعد اللہ تعالیٰ نے امہات المومنین رضی اللہ عنھن کی اصلاح کے لئے آیات مذکورہ نازل فرمائی۔

اس وقت آپ کے حرم مبارک میں نو ازواج مطہرات تھیں آپؐ نے ہر ایک کو آیات سنا کر اختیار دیا کہ آیا تمہیں دنیا کا عیش و آرام پسند ہے یا پھر رحمۃ اللعلمین ﷺ سب نے ایک زبان ہو کر کہا کہ ہم سب کائنات کے آخری نبی رحمۃ اللعلمین سید المرسلین افضل الرسل کو پسند کرتے ہیں۔

سورۃ الاحزاب کی ۲۸ ویں آیت سے ۳۵ ویں آیت تک یہی مضمون ہے (قارئین سے درخواست ہے کہ قرآن کریم جو ایک موجودہ معجزہ ہے اس کے مطالعہ کو زندگی کا معمول بنالیں)۔

اب میں اصل موضوع کے طرف آتا ہوں اللہ تعالیٰ نے امہات المومنینؓ کی اصلاح کے لئے جو آیات نازل فرمائی ہیں اس میں خصوصیت کے ساتھ نمازوں کی پابندی اور زکوٰۃ کی ادائیگی کے بارے میں حکم ہے۔

کیا معاذاللہ ہماری مائیں نمازیں ترک کرتی تھیں ؟ نہیں ہر گز نہیں بلکہ اس کی اہمیت کو واضح کرنے کے لئے اللہ تعالیٰ نے اس کا خصوصی ذکر فرمایا ہے تاکہ امت مسلمہ کے مرد اور عورتیں اس پر عمل کریں اور اس سے غفلت نہ برتیں اور جو اس سے غفلت برتے گا اس سے بڑا محروم اور بدنصیب کوئی نہیں۔

یا ایھا الذین امنوا اذا ناجیتم الرسول اء شفقتم ان تقدموا بین یدی نجواکم صدقات فاذلم تفعلوا وتاب اللہ علیکم فاقیموا الصلوۃ واتوا الزکوۃ واطیعوا اللہ ورسولہ واللہ خبیر بما تعملون (المجادلہ ۱۲،۱۳:۵۸)

ترجمہ: اے مومنو! جب تم رسول اللہ ﷺ سے سرگوشی کرنا چاہو تو اپنی سرگوشی سے پہلے کچھ صدقہ دے دیا کرو یہ تمہارے لئے بہتر اور پاکیزہ تر ہے ہاں اگر نہ پاؤ تو بے شک اللہ بخشنے والا ہے مہربانی ہے کیا تم اپنی سرگوشی سے پہلے صدقہ نکالنے سے ڈر گئے ؟ پس جب تم نے یہ نہ کیا اور اللہ نے بھی تمہیں معاف کر دیا تو اب تم (بخوبی) نمازوں کو قائم رکھو اور زکوۃ دیتے رہا کرو اور اللہ کی اور اس کے رسول کی تابعداری کرتے رہو اور اللہ کو خبر ہے جو کچھ تم کر رہے ہو۔

توضیح: ہر ایمان والی نفوس رحمۃ اللعلمین ﷺ سے سرگوشی کا اشتیاق رکھتی تھی اور کیوں نہ رکھے جسے رب کائنات نے المومنین رؤف رحیم کے اعجاز سے نوازا ہو التوبہ ۱۲۸:۹۔

اسی کے پیش نظر فیضان رسول سے معطر ہونے کے لئے پروانوں کے جھرمٹ دیر تک آپ کے پاس بیٹھ کر گفتگو فرماتے تھے کبھی آپ پر یہ بات ذرا شاق سی گزرتی تھی مگر آپ کچھ نہ کہہ سکتے تھے جیسے سورۃ الاحزاب ۵۳:۳۳ میں بھی شامل ہے۔

اسی طرح یہود و نصاریٰ اور مشرکین مومنوں کو دیکھ کر آپس میں سرگوشیاں کرتے

تھے تاکہ مومنوں کو تکلیف پہنچائیں تو اس سے ان کو روکا گیا ہے اور مومنوں کو اس کے آداب سکھلائے ہیں اور اسلام کی اہم باتوں کا حکم دیا گیا کہ کسی بھی صورت میں نماز معاف نہیں ہے اسی لئے نمازوں کی پابندی کرتے رہیں اور زکوٰۃ دیتے رہیں تاکہ اللہ تعالیٰ کی اور اس کے رسول ﷺ کی تابعداری کا حق ادا ہو سکے۔

سب سے زیادہ یہود و نصاریٰ و مشرکین و کفار کو اسی نماز اور زکوٰۃ سے دشمنی ہے اس سے امت مسلمہ کو دور کرنے کے لئے ان لوگوں نے ذرائع ابلاغ کے تحت گھروں گھر فحش و بے حیائی پہنچادی گئی ہے اللہ تعالیٰ حفاظت فرمائے آمین۔

ان ربک یعلم انک تقوم واخرون یضربون فاقرءواماتیسر منہ واقیموا الصلوۃ واتوالزکوٰۃ واقرضوا اللہ قرضاحسنا ان اللہ غفور رحیم (المزمل ۲۰:۷۳)

ترجمہ: آپ کا رب بخوبی جانتا ہے کہ آپ اور آپ کے ساتھ کے لوگوں کی ایک جماعت قریب دو تہائی رات کے اور آدھی رات کے اور ایک تہائی رات کے تہجد پڑھتی ہے اور رات دن کا پورا اندازہ اللہ ہی کو ہے وہ خوب جانتا ہے کہ تم اسے ہرگز نہ نبھا سکو گے پس اس نے تم پر مہربانی کی ہے اس لئے جتنا قرآن پڑھنا تمہارے لئے آسان ہو اتنا ہی پڑھو وہ جانتا ہے کہ تم میں بعض بیمار بھی ہوں گے بعض دوسرے زمین میں چل پھر کر اللہ کا فضل (یعنی روزی بھی) تلاش کریں گے اور کچھ لوگ اللہ کی راہ میں جہاد بھی کریں گے سو تم بہ آسانی جتنا قرآن پڑھ سکو پڑھو اور نماز کی پابندی رکھو اور زکوٰۃ دیتے رہا کرو اور اللہ کو اچھا قرض دو اور جو نیکی تم اپنے لئے آگے بھیجو گے اسے اللہ کے یہاں بہتر سے بہتر اور ثواب میں بہت زیادہ پاؤ گے اللہ سے معافی مانگتے رہو یقیناً اللہ بخشنے والا مہربان ہے
۔

توضیح: ابتدائی دور میں رحمۃ اللعلمین رسول اللہ ﷺ اور آپ کے پیارے اصحاب

کرامؓ نماز تہجد میں ہر ارکان کو طول کر کے کیا کرتے تھے اور حالت قیام میں قرآن کی قرأت بہت لمبی ہوتی تھی رات کا ایک بڑا حصہ گزر جاتا تھا یہاں تک کہ خود حضور پاک ﷺ کے قدم مبارک سوجھ جاتے تھے "لایکلف اللہ نفسا الا وسعھا" کے تحت اللہ رب العلمین نے تخفیف کا حکم آیت بالا میں نازل فرمایا اور اس میں اس کی حکمتیں بھی بیان فرما دیں کہ لوگوں میں کئی قسم کے لوگ ہوتے ہیں قرأت قرآن میں بھی جتنا ہو سکے پڑھنے کا حکم دیا سبحان اللہ۔ اللہ تعالیٰ کی مہربانی پر ذرا غور تو کرو؟ اب نماز تہجد فرض نہیں ہے بلکہ استحباب کا درجہ برقرار ہے جو پڑھے اس کے لئے اجر و ثواب زائد ہے اور جو نہ پڑھے اس پر کسی قسم کی گرفت نہیں ہے البتہ فرائض کا ترک کرنا کفر ہے اس لئے آگے کی آیت میں بیان ہوا کہ نمازوں کو پابندی کے ساتھ پڑھتے رہو اور زکوٰۃ کی ادائیگی بھی پابندی سے کرتے رہو پھر اس کے بعد اجر و ثواب کے ذخیروں کا ذکر ہے کہ اس کے کرنے سے اللہ تعالیٰ یہاں بے حساب اس کا ثمرہ حاصل کرو گے اس لئے اللہ سے معافی مانگتے رہو تا کہ وہ تم پر مہربان ہو جائے۔

وما امروا الا لیعبد واللہ مخلصین لہ الدین حنفآء ویقیمون الصلوۃ ویوتون الزکوۃ وذالک دین القیمۃ (البینۃ:۵:۹۸)

ترجمہ: اور انہیں اس کے سوا کوئی حکم نہیں دیا گیا مگر یہ کہ صرف اللہ ہی کی عبادت کریں دین اسی کے لئے خالص رکھیں توحیدی دین اور نماز کو قائم رکھیں اور زکوٰۃ دیتے رہیں اور یہی ہے دین سیدھی ملت کا۔

توضیح: یہ مدنی سورت کی آیت ہے یہود و نصاریٰ و مشرکین رحمۃ اللعلمین رسول اللہ ﷺ کو نبی برحق و پیغامبر موعود ہیں یہ جانتے تھے مگر محض حسد و بغض و عناد کی وجہ سے آپ پر ایمان نہیں رکھتے تھے "الا ماشاء اللہ" اللہ تعالیٰ اس سورت میں اپنے پیغامبر کی

بعثت کا مقصد بیان فرمارہا ہے کہ مختلف معبودان باطل اور اپنے آباء واجداد کے رسوم کو چھوڑ کر خالص ایک اللہ وحدہٗ لاشریک کو اپنا معبود حقیقی بنالیں جس کا دین خالص ہے جو اس دین میں داخل ہوتا ہے اسے نماز اور زکوٰۃ جیسی نعمتیں جو خیر خواہی و اجتماعیت کی بہترین مثالیں ہیں اسے ادا کرنے کی سعادت نصیب ہوتی ہے جو ان پر عمل کرے اسے مخلوق میں سب سے بہتری کا درجہ ملا ہے اور جو اسے چھوڑے وہ مخلوق میں سب سے برا ہے۔

رحمۃ اللعلمین کے پیارے اصحاب کرام نے اس پر عمل کیا تو انہیں اللہ تعالیٰ نے رضی اللہ عنھم ورضوعنہ کے لقب سے ملقب فرمایا ہے کاش یہ امت اسے سمجھ لے۔

*****

دوسرا باب
یقیمون الصلوٰۃ و ممّا رزقنھم ینفقون

بسم اللہ الرحمن الرحیم

الٓمٓ ذالک الکتاب لاریب فیہ ھدی للمتقینالذین یومنون بالغیب ویقیمون الصلوۃ ومما رزقنھم ینفقون والذین یومنون بما انزل الیک وما انزل من قبلک وبا الاخرۃ ھم یوقنوناولئک علی ھدی من ربھم واولئک ھم المفلحون (البقرہ ۵۴۳۲۱:۲)

ترجمہ :اس کتاب کے (حق ہونے میں) کوئی شک نہیں پرہیز گاروں کو راستہ دکھانے والی ہے جو لوگ غیب پر ایمان لاتے ہیں اور نماز کو قائم رکھتے ہیں اور ہمارے دیئے ہوئے (مال) میں سے خرچ کرتے ہیں اور جو لوگ ایمان لاتے ہیں اس پر جو آپ کی طرف اتارا گیا اور جو آپ سے پہلے اتارا گیا اور وہ آخرت پر بھی یقین رکھتے ہیں یہی لوگ اپنے رب کی طرف سے ہدایت پر ہیں اور یہی لوگ فلاح اور نجات پانے والے ہیں۔

توضیح: اللہ تعالیٰ نے ان آیات میں متقین پرہیز گاروں کی صفات بیان فرمایا ہے ان میں سے ایک اہم وصف پرہیز گاری کے لیے اقامت نماز اور اس کے راستوں میں خرچ کرنا ہے۔

جو لوگ ان صفات سے متصف ہوں گے وہی ہدایت والے اور وہی کامیاب ہونے والے ہیں افسوس آج ہم بے نمازی ہیں اور بخل اور کنجوسی کو اپنائے ہوئے ہیں اسی لئے اللہ تعالیٰ کی رحمت ہم سے دور ہو چکی ہے ہم بین الاقوامی حیثیت سے بھی پچھڑ چکے ہیں

اور آخرت میں اس سے برا انجام ہونے والا ہے اللہ تعالیٰ ہمیں ہدایت مذکورہ سے سرفراز فرمادے آمین۔

انما المومنون الذین اذاذکر اللہ وجلت قلوبھم واذتلیت علیھم ایتہ زادتھم ایمانا وعلیٰ ربھم یتوکلون الذین یقیمون الصلوۃ ومما رزقنھم ینفقون اولئک ھم المومنون حقالھم درجت عندربھم ومغفرۃ ورزق کریم (الانفال ۸:۲ سے ۴ تک)

ترجمہ: بس ایمان والے تو ایسے ہوتے ہیں کہ جب اللہ تعالیٰ کا ذکر آتا ہے تو ان کے قلوب ڈر جاتے ہیں اور جب اللہ کی آیتیں ان کو پڑھ کر سنائی جاتیں تو وہ آیتیں ان کے ایمان کو اور زیادہ کر دیتی ہیں اور وہ لوگ اپنے رب پر توکل کرتے ہیں جو کہ نماز کی پابندی کرتے ہیں اور ہم نے ان کو جو کچھ دیا ہے وہ اس میں سے خرچ کرتے ہیں سچے ایمان والے یہ لوگ ہیں ان کے لئے بڑے درجے ہیں ان کے رب کے پاس اور مغفرت اور عزت کی روزی ہے۔

توضیح: اللہ تعالیٰ نے ان آیات میں مومنین کے ایمان کی کیفیت بیان فرمائی ہے کہ ایمان والے ہمیشہ اللہ سے ڈرتے رہتے ہیں جب کبھی بھی قرآنی آیات ان کے کانوں میں سنائی دیتی ہے یا پھر خود وہ تلاوت قرآن کے یا مطالعۂ قرآن میں محو رہتے ہیں تو ان کے ایمان میں زیادتی ہو جاتی ہے چونکہ وہ لوگ نمازوں کی پابندی کرتے ہیں اور اللہ تعالیٰ کے دیئے ہوئے مال سے ضرورت مندوں حاجت مندوں کو دیتے رہتے ہیں انھیں فی سبیل اللہ خرچ کرنے میں لطف حاصل ہوتا ہے اسی لئے اللہ تعالیٰ نے جنت میں ایسے نیک لوگوں کے لئے عظیم درجات بخشش و مغفرت اور رزق کریم کی بشارت سنائی ہے (اللھم اجعل منھم آمین)۔

قل انفقوا طوعا او کرھالن یتقبل منکم انکم کنتم قوما فسقین وما منعھم ان تقبل منھم

نفقتھم الا انھم کفروا باللہ و برسولہ ولا یاتون الصلوۃ الا وھم کسالی ولا ینفقون الا وھم کرھون فلا تعجبک اموالھم ولا اولادھم انما یرید اللہ لیعذبھم بھا فی الحیوۃ الدنیا وتزھق انفسھم وھم کفرون ویحلفون باللہ انھم لمنکم وما ھم منکم ولکنھم قوم یفرقون (التوبۃ ۹:۵۳ سے ۵۶ تک)

ترجمہ: کہہ دیجئے کہ تم خوشی یا ناخوشی کسی طرح بھی خرچ کرو قبول تو ہر گز نہ کیا جائے گا، یقیناً تم فاسق لوگ ہو کوئی سبب ان کے خرچ کی قبولیت کے نہ ہونے کا اس کے سوا نہیں کہ یہ اللہ اور اس کے رسول کے منکر ہیں اور بڑی کاہلی سے ہی نماز کو آتے ہیں اور برے دل سے ہی خرچ کرتے ہیں پس آپ کو ان کے مال و اولاد تعجب میں نہ ڈال دیں اللہ کی چاہت یہی ہے کہ اس سے انھیں دنیا کی زندگی میں ہی سزا دے اور ان کے کفر ہی کی حالت میں ان کی جانیں نکل جائیں یہ اللہ کی قسم کھا کھا کر کہتے ہیں کہ یہ تمہاری جماعت کے لوگ ہیں حالانکہ وہ دراصل تمہارے نہیں بات صرف اتنی ہے کہ یہ ڈرپوک لوگ ہیں۔

توضیح: آیات بالا سورۂ التوبہ کی ہیں جس میں بسم اللہ نہیں ہے منافقین و مشرکین کے عہد شکنی کی وجہ سے اللہ تعالیٰ کی ناراضگی نازل ہوئی اس سورۂ میں منافقین اور مومنین کے فرق کو بتایا گیا ہے منافقین کے نیتوں میں کھوٹ تھا یہ لوگ نمازیں تو ضرور پڑھتے تھے مگر کاہلی اور سستی سے اذان سن کر فوراً نہیں آتے تھے بلکہ جب جماعت ختم ہونے کی ہوتی تو آتے تھے پھر کوے کی ٹھونگ کی طرح جلدی جلدی پڑھ کر نکل جاتے تھے اور خرچ بھی کرتے تھے مگر منہ سکڑا کر دیتے اور بہانے بناتے، دکھنے میں وضع قطع صوفیوں کی طرح، سلیقے میں امیر زادوں کی طرح اور قسمیں کھا کھا کر مسلمان کے دعوے کرتے تھے اور رسول اللہ ﷺ کے ساتھی ہونے کا ڈھونگ رچتے تھے مگر اللہ تعالیٰ نے ان کی پول کھول دی جو مذکورہ آیات میں بتایا گیا ہے کہیں ہماری زندگی ایسی تو نہیں ذرا محاسبہ

کریں۔

وہ نمازیں پڑھتے تھے مگر سستی سے پھر بھی ان کا حشر جہنم ہوا اور آج ہم تو نمازیں پڑھتے ہی نہیں اور بخیل ہیں ہمارا انجام کیا ہو گا؟

والذین صبر واابتغآء وجہ ربھم واقاموا الصلوٰۃ وانفقوا ممارزقنھم سرا وعلانیۃ ویدرؤن بالحسنۃ السیئۃ اولئک لھم عقبی الدار جنت عدن ید خلونھا ومن صلح من اباءم وازواجھم وذریتھم والملئکۃ ید خلون علیھم من کل باب (الرعد ۲۲۲۳:۱۳)

ترجمہ: اور وہ اپنے رب کی رضامندی کی طلب کے لیے صبر کرتے ہیں اور نمازوں کو برابر قائم رکھتے ہیں اور جو کچھ ہم نے انہیں دے رکھا ہے اسے چھپے کھلے خرچ کرتے ہیں اور برائی کو بھی بھلائی سے ٹالتے ہیں ان ہی کے لیے عاقبت کا گھر ہے ہمیشہ رہنے کے باغات جہاں یہ خود جائیں گے اور ان کے باپ دادوں اور بیویوں اور اولادوں میں سے بھی جو نیکوکار ہوں گے ان کے پاس فرشتے ہر ہر دروازے سے آئیں گے۔

توضیح: اللہ تعالیٰ نے ان آیات میں اپنی خوشنودی ورضامندی کے لئے صبر کرنے کی تاکید کے ساتھ نمازوں کو برابر قائم کرنے اور اس کے دیئے ہوئے مال سے اس کے راستوں میں خرچ کرنے تاکید فرمائی ہے اور اسی کے ساتھ اہل جنت کے صفات میں اخلاق حسنہ کی تعلیم ہے کہ ہمارے نیک بندے ایسے ہیں کہ ان کے ساتھ کوئی برائی سے پیش آئے بدتمیزی کرے بدزبانی کرے گالیاں دے تو وہ اس کا جواب اچھائی سے دیتے ہیں اور معاف کر دیتے ہیں اور بہترین صبر کی مثال قائم کرتے ہیں ایسے ہی لوگوں کے لئے ہم نے جنت کا وعدہ کیا ہے جن کے استقبال کے لئے جنت کے ہر دروازے پر ہمارے فرشتے کھڑے ہوں گے اور ان سے ملاقات کریں گے سبحان اللہ۔

وجعلو اللہ انداد الیضلوا عن سبیلہ قل تمتعوا فان مصیر کم الی النار قل لعبادی الذین

امنوایقیموا الصلوۃ وینفقوا ممارزقنھم سراواعلانیۃ من قبل ان یاتی یوم لا بیع فیہ ولا خلل (ابراھیم ۱۴:۳۰۔۳۱)

ترجمہ: انھوں نے اللہ کے ہمسر بنا لیے کہ لوگوں کو اللہ کی راہ سے بہکائیں آپ کہہ دیجئے کہ خیر مزے کر لو تمہاری بازگشت تو آخر جہنم ہی ہے میرے ایماندار بندوں سے کہہ دیجئے کہ نمازوں کو قائم رکھیں اور جو کچھ ہم نے انہیں دے رکھا ہے اس میں سے کچھ نہ کچھ پوشیدہ اور ظاہر خرچ کرتے رہیں اس سے پہلے کہ وہ دن آجائے جس میں نہ خرید و فروخت ہوگی نہ دوستی اور محبت۔

توضیح: اللہ تعالیٰ نے آیات ہٰذا میں کافرین ومشرکین کی بغاوت کا ذکر فرمایا کہ انھوں نے رب کائنات کو بھلا کر اس کے ساجھی اس کے ہمسر بنا لئے ہیں اللہ کے بندوں کو اللہ کی صف میں کھڑا کئے ہیں کوئی کہہ رہا ہے یا غوث یا غریب نواز کوئی کوئی جئے جئے کے نعرہ وغیرہ وغیرہ اس کے بعد کتنے پیارے انداز میں رب العلمین نے فرمایا کہ میرے ایمان والے بندوں سے کہہ دو کہ میرے تعلق کے لئے نمازوں کی پابندی کریں میرے راستوں میں خرچ کرتے رہیں اس سے پہلے کہ وہ دن آئے جس دن کوئی خرید و فروخت ہوگی نہ کوئی دوستی اور محبت اعمال صالحہ ہی اصل وسیلہ ہیں نہ کہ غیر اللہ کے دامنوں کو تھامنا وسیلہ نیک اعمالوں میں نمازیں پڑھنا انفاق فی سبیل اللہ کرنا ہے وسیلہ یعنی ذریعہ ساری عبادتیں اللہ کے لئے خاص ہیں اور عبادتیں ہی وسیلہ ہیں۔

ولکل امۃ جعلنا منسکا لیذکروا اسم اللہ علی مارزقھم من بھیمۃ الانعام فالٰھکم الہ واحد فلہ اسلموا وبشر المخبتین الذین اذاذکر اللہ وجلت قلوبھم والصبرین علی مااصابھم والمقیمی الصلوۃ ومما رزقنھم ینفقون (الحج ۲۲:۳۴۔۳۵)

ترجمہ: اور ہر امت کے لیے ہم نے قربانی کے طریقے مقرر فرمائے ہیں تاکہ وہ ان

چوپائے جانوروں پر اللہ کا نام لیں جو اللہ نے انہیں دے رکھے ہیں سمجھ لو کہ تم سب کا معبود برحق صرف ایک ہی ہے تم اسی کے تابع فرمان ہو جاؤ عاجزی کرنے والوں کو خوشخبری سنا دیجئے انہیں کہ جب اللہ کا ذکر کیا جائے ان کے دل تھرا جاتے ہیں، انہیں جو برائی پہنچے اس پر صبر کرتے ہیں، نماز قائم کرنے والے ہیں اور جو کچھ ہم نے انہیں دے رکھا ہے وہ اس میں سے بھی دیتے رہتے ہیں۔

توضیح: اللہ تعالیٰ نے ان آیات میں قربانی کا ذکر فرمایا کہ اے امت محمدیہ (ﷺ) صرف تم پر ہی قربانی نہیں لادی گئی ہے بلکہ ہر امت میں ہم نے اسے بطور آزمائش قربانی کے طریقے مقرر کئے تھے کہ تم ان چوپاؤں حلال جانوروں پر صرف اللہ کا نام ہی لینا اس میں کسی کی خوشنودی نہیں چاہنا ساری نذر و نیاز ہمارے لئے ہی کرنا کسی قبر و مزار والے بت و آستانے چرچ و مندر میں نہیں بلکہ ہمارے ہی واسطے سب مخصوص ہیں سمجھ لو کہ تم سب کا معبود صرف اللہ وحدہٗ لاشریک ہے تم سب اس کے تابع ہو کر اسی کے لئے قربانیاں کیا کرو پھر اس کے بعد وہ اللہ کے بندوں کا تذکرہ ہے جن کے دل خوف الٰہی سے لرز جاتے ہیں مصیبت کے وقت صبر کرتے ہیں نمازیں قائم کرتے ہیں اور ہماری عطا کی گئی امانت مال سے خرچ بھی کرتے اقامت نماز اور انفاق فی سبیل اللہ کرنے والے بندے اللہ رب العلمین سے ڈرنے والے ہیں۔

بسم اللہ الرحمن الرحیم

قد افلح المومنون الذین ھم فی صلاتھم خشعون والذین ھم عن اللغو معرضون والذین ھم للزکوٰۃ فعلون والذین ھم لفروجھم حفظون الا علی ازواجھم اوماملکت ایمانھم فانہم غیر ملومین فمن ابتغی وراء ذلک فاولئک ھم العدون والذین ھم لامنتھم وعھدھم رعون والذین ھم علی صلوتھم یحافظون اولیک ھم الورثون الذین یرثون الفردوس ھم

فیھا خلدون (المؤمنون ۱:۲۳ سے ۵ تک)

ترجمہ: شروع کرتا ہوں اللہ تعالیٰ کے نام سے جو بڑا مہربان نہایت رحم والا ہے یقیناً ایمان والوں نے فلاح حاصل کر لی جو اپنی نماز میں خشوع کرتے ہیں اور جو لغویات سے منہ موڑ لیتے ہیں اور جو زکوٰۃ ادا کرنے والے ہیں اور جو اپنی شرمگاہوں کی حفاظت کرنے والے ہیں بجز اپنی بیویوں اور ملکیت کی لونڈیوں کے یقیناً یہ ملامتوں میں سے نہیں ہیں جو اس کے سوا کچھ اور چاہیں وہی حد سے تجاوز کر جانے والے ہیں اور جو اپنی امانتوں اور وعدے کی حفاظت کرنے والے ہیں اور جو اپنی نمازوں کی نگہبانی کرتے ہیں یہی وارث ہیں جو فردوس کے وارث ہوں گے جہاں وہ ہمیشہ رہیں گے

توضیح: اللہ تعالیٰ نے ان آیات میں جن چیزوں کو بیان فرمایا ہے وہ بالکل واضح ہے مذکورہ فہرست میں اقامت نماز اور ادائیگی زکوٰۃ کو خصوصیت کے ساتھ ذکر کیا ہے مومنین کی کامیابی میں سب سے پہلے نماز کے خشوع اور خضوع کو ذکر فرمایا نماز میں خشوع کیا ہے اس کے ہر ارکان کو اطمینان کے ساتھ ادا کئے جائیں جلدی جلدی کوے کی ٹھونک نہیں مارنا ہے اور پھر آخری دسویں آیت میں دوبارہ نماز کی حفاظت کا ذکر ہے جس سے اس اہمیت کا اندازہ لگایا جا سکتا ہے پھر مذکورہ ہدایات پر عمل کرنے والوں کو جنت الفردوس کے وارثین کہا گیا ہے کہ وہ اس میں ہمیشہ ہمیشہ رہیں گے جنت الفردوس جنت کا سب سے اعلیٰ درجہ ہے سبحان اللہ۔

ان الذین یتلون کتٰب اللہ واقاموا الصلوۃ وانفقوا ممارزقنھم سرا وعلانیۃ یرجون تجارۃ لن تبور (فاطر ۳۰ ۲۹ ۲۸:۳۵)

ترجمہ: اور اسی طرح آدمیوں اور جانوروں اور چوپایوں میں بھی بعض ایسے ہیں کہ ان کی رنگتیں مختلف ہیں اللہ سے اس کے وہی بندے ڈرتے ہیں جو علم رکھتے ہیں واقعی اللہ

تعالیٰ زبردست بڑا بخشنے والا ہے جو لوگ کتاب اللہ کے تلاوت کرتے ہیں اور نماز کی پابندی رکھتے ہیں اور جو کچھ ہم نے ان کو عطا فرمایا ہے اس میں سے پوشیدہ اور علانیہ خرچ کرتے ہیں وہ ایسی تجارت کے امیدوار ہیں جو کبھی خسارہ میں نہ ہوگی تاکہ ان کو ان کی اجرتیں پوری دے اور ان کو اپنے فضل سے اور زیادہ دے بے شک وہ بڑا بخشنے والا قدردان ہے۔

توضیح: اللہ تعالیٰ نے اپنی قدرت کے نمونے کا ذکر فرمایا کہ اس کائنات میں کیسے کیسے انسانوں اور جانوروں کے اقسام ہیں اس کے بعد اس سے ڈرنے والوں کی پہچان بتائی ہے کہ جنہیں کتاب اللہ اور سنت رسول اللہ کا علم ہے وہی اس سے ڈرتے ہیں ورنہ جہلاء بڑے ہی شقی و بدبخت ہوتے ہیں اور وہ علماء کے دشمن ہوتے ہیں انہیں حقارت سے دیکھتے ہیں مگر اللہ نے علماء کی تعریف فرمائی ہے علماء سے مراد علماء حاملین کتاب و سنت ہیں ورنہ آج علماء سوء کا بازار گرم جو بدعات و خرافات کے موجد ہیں شرک و بدعات کو عام کرنے کا بیڑا اٹھائے ہوئے ہیں پھر اللہ تعالیٰ نے اپنے نیک بندوں اس سے ڈرنے والوں کی وضاحت فرمائی ہے کہ وہ لوگ اس کی کتاب کی تلاوت کرتے ہیں نمازیں پڑھتے اور ہمارے دیئے ہوئے مال میں سے پوشیدہ ہو یا علانیہ خرچ کرتے ہیں اور یہ عمل وہ تجارت ہے جس میں کبھی بھی گھاٹا نہیں اور اس کا نفع اللہ کے یہاں ڈھیر سارا ہو گا جہاں ایک ایک نیکی کے لئے لوگ ترس رہے ہوں گے اللہ تعالیٰ پورا پورا بدلہ دے گا چونکہ اس کی شان ہی بخشش مغفرت ہے۔

والذین یجتنبون کبیر االاثم والفواحش واذاما غضبوا ھم یغفرون والذین استجابوا لربھم واقاموا الصلوۃ وامرھم شوریٰ بینھم ومما رزقنھم ینفقون (الشوریٰ ۴۲:۳۷ سے ۴۰ تک)

ترجمہ: اور کبیرہ گناہوں سے اور بے حیائیوں سے بچتے ہیں اور غصے کے وقت (بھی)

معاف کر دیتے ہیں اور اپنے رب کے فرمان کو قبول کرتے ہیں اور نماز کی پابندی کرتے ہیں اور ان کا (ہر) کام آپس کے مشورے سے ہوتا ہے اور جو ہم نے انہیں دے رکھا ہے اس میں سے (ہمارے نام پر) دیتے ہیں اور جب ان پر ظلم (وزیادتی) ہو تو وہ صرف بدلہ لے لیتے ہیں اور برائی کا بدلہ اسی جیسی برائی ہے اور جو معاف کر دے اور اصلاح کر لے اس کا اجر اللہ کے ذمے ہے، (فی الواقع) اللہ تعالیٰ ظالموں سے محبت نہیں کرتا۔

توضیح: اللہ تعالیٰ نے اپنے عاجز بندوں کا ذکر فرماتے ہوئے تعلیم بندگی سمجھائی ہے کہ یہ لوگ کبیرہ گناہوں، بے حیائی کے کاموں سے بچتے ہیں اور معافی کو معمول بتاتے ہیں اور اپنے رب کے فرمان پر عمل کرتے ان کی پہچان یہ ہے کہ وہ لوگ نمازوں کو قائم کرتے ہیں اپنے کاموں کو باہمی مشورہ سے کرتے ہیں شورائی نظام اپناتے ہیں اور اللہ تعالیٰ کے راستوں میں خرچ کرتے ہیں اور ساری وہ چیزوں پر عمل کرتے ہیں جس کا مذکورہ آیات میں ذکر ہے اور جو مذکورہ باتوں پر عمل نہ کرے وہ بڑا ظالم ہے اور اللہ ظالموں کو بالکل پسند نہیں فرماتا ہے۔

کل نفس بما کسبت رھینۃ قالوا لم نک من المصلین ولم نک نطعم المسکین وکنا نخوض مع الخائضین (المدثر ۳۹:۷۴ سے ۴۸ تک)

ترجمہ: ہر شخص اپنے اعمال کے بدلے میں گروی ہے مگر دائیں ہاتھ والے کہ وہ بہشتوں میں (بیٹھے ہوئے) گناہ گاروں سے سوال کرتے ہوں گے تمہیں دوزخ میں کس چیز نے ڈالا وہ جواب دیں گے کہ ہم نمازی نہ تھے نہ مسکینوں کو کھانا کھلاتے تھے اور ہم بحث کرنے والے (انکاریوں) کا ساتھ دے کر بحث مباحثہ میں مشغول رہا کرتے تھے اور روز جزا کو جھٹلاتے تھے یہاں تک کہ ہمیں موت آگئی پس انہیں سفارش کرنے والوں کی سفارش نفع نہ دے گی۔

توضیح: ہر انسان گروی ہے اس سے چھٹکارے کے لیے نیک اعمال ضروری ہیں اہل جنت جہنم والوں سے پوچھیں گے کہ ذلت ورسوائی والا یہ بھیانک عذاب میں تم کو کون سی چیز لے آئی، جہنمی کہیں گے کہ ہم نماز نہیں پڑھتے تھے اور یتیموں کو کھانا نہیں کھلاتے تھے اور فضول باتوں میں رہ کر ہم نے تباہی و بربادی اپنے سر لی جو تم آج ہمیں دیکھ رہے ہو روز جزا یعنی قیامت کا دن میدان محشر کو بھلا دیا تھا۔

معلوم ہوا کہ نمازیں نہ پڑھنا اللہ تعالیٰ کے راستے میں خرچ نہ کرنا قیامت کے دن کو جھٹلانے کے مترادف ہے اور یہ عقیدہ کفار و مشرکین کا ہے اللہ ہماری حفاظت فرمائے آمین۔

* * * * *

تیسرا باب

الصلوٰۃ (نماز)

واستعینوا بالصبر والصلوٰۃ وانھا لکبیرۃ الا علی الخشعین (البقرہ ۲:۴۵)

ترجمہ: صبر اور نماز کے ساتھ (اللہ سے) مدد طلب کرو یہ بڑی مشکل ہے مگر ڈر رکھنے والوں پر

توضیح: اللہ تعالیٰ سے مدد اور اس کی خوشنودی کے لئے سب سے اہم وسیلہ یہی نماز اور صبر ہے خوشی ہو یا غم بیماری ہو یا تندرستی، امیری ہو یا فقیری ہر حالت میں نماز اور صبر کو تھامے رہنا ہے نبی اکرم صلی اللہ علیہ وسلم کو جب کبھی بھی کوئی مشکل کام آجاتا تو اسی صبر و نماز سے مدد لیتے تھے اللہ کی خوشنودی کا یہی سب سے بڑا وسیلہ ہے افسوس کہ ہم اس اہم وسیلہ کو فراموش کر بیٹھے ہیں۔

یاایھا الذین اٰمنوا استعینوا بالصبر والصلوٰۃ ان اللہ مع الصٰبرین (البقرہ ۲:۱۵۳)

ترجمہ: اے ایمان والو! صبر اور نماز کے ذریعہ مدد چاہو، اللہ تعالیٰ صبر کرنے والوں کے ساتھ ہے

توضیح: اللہ تعالیٰ نے اس آیت میں بھی صبر اور نماز کی اہمیت کو واضح فرمایا ہے انسان پر ہمیشہ دو طرح کے حالات آتے ہیں ایک عیش و آرام دوسرے مصیبت و پریشانی دونوں حالتیں آزمائشی ہیں اول الذکر میں بھی اللہ تعالیٰ کی عبادت کر کے شکر گزاری کرنا ہے اور

ثانی الذکر میں ثابت قدمی کے ساتھ صابر کرتے ہوئے عبادت الٰہی یعنی نمازوں کی پابندی کرنا ہے تب ہی اللہ کی رحمت ہمارے شامل حال رہے گی ان شاء اللہ۔

حافظوا علی الصلوٰت والصلوٰۃ الوسطی وقوموللہ قانتین (البقرہ ۲۳۸:۲)

ترجمہ: نمازوں کی حفاظت کیا کرو بالخصوص (عصر کی نماز) درمیان والی نماز کی اور اللہ تعالیٰ ہی کے لئے باادب کھڑے رہا کرو۔

توضیح: حضرت بریدہؓ روایت فرماتے ہیں کہ رسول اکرم ﷺ نے ارشاد فرمایا جس نے عصر نماز چھوڑی اس کا کیا بچا سب اکارت ہو گیا (بخاری) گویا نماز کے بغیر زندگی ہی ادھوری ہے جنگ خندق میں گھماسان کی جنگ چل رہی تھی کفار و مشرکین مسلسل یلغار کر رہے تھے اس وقت نمازیں پڑھنے کا موقع نہ مل سکا رحمۃ اللعلمین ﷺ نے بددعا فرمائی کہ اللہ کافروں کی قبروں کو آگ سے بھر دے کہ انھوں نے ہمیں نماز عصر ادا کرنے کا موقع نہ دیا بہر کیف بعد میں یہ نماز ادا کی گئیں اس کی فضیلت کا اندازہ لگائیں۔

حضر میں سفر میں خوف میں نماز
مگر معاف نہیں کسی حال میں نماز

واذاضربتم فی الارض فلیس علیکم جناح ان تقصروا من الصلوٰۃ ان خفتم ان یفتنکم الذین کفروا ان الکفرین کانوا لکم عدوا مبینا فاذا قضیتم الصلوٰۃ فاذکروا اللہ قیما وقعودا وعلی جنوبکم فاذا اطماننتم فاقیمو الصلوٰۃ ان الصلوٰۃ کانت علی المؤمنین کتبا موقوتا (النسآء ۱۰۱۱۰۳:۴)

ترجمہ: جب تم سفر میں جا رہے ہو تم پر نمازوں کے قصر کرنے میں کوئی گناہ نہیں، اگر تمہیں ڈر ہو کہ کافر تمہیں ستائیں گے، یقیناً کافر تمہارے کھلے دشمن ہیں جب تم ان میں ہو اور ان کے لئے نماز کھڑی کرو تو چاہیئے کہ ان کی ایک جماعت تمہارے ساتھ اپنے

ہتھیار لئے کھڑی ہو، پھر جب یہ سجدہ کر چکیں تو یہ ہٹ کر تمہارے پیچھے آ جائیں اور وہ دوسری جماعت جس نے نماز نہیں پڑھی وہ آجائے اور تیرے ساتھ نماز ادا کرے اور اپنا بچاؤ اور اپنے ہتھیار لئے رہے، کافر چاہتے ہیں کہ کسی طرح تم اپنے ہتھیاروں اور اپنے سامان سے بے خبر ہو جاؤ، تو وہ تم پر اچانک دھاوا بول دیں، ہاں اپنے ہتھیار اتار رکھنے میں اس وقت تم پر کوئی گناہ ہیں جب کہ تمہیں تکلیف ہو یا بوجہ بارش کے یا بسبب بیمار ہو جانے کے اور اپنے بچاؤ کی چیزیں ساتھ لئے رہو یقیناً اللہ تعالیٰ نے منکروں کے لئے ذلت کی مار تیار کر رکھی ہے۔

پھر جب تم نماز ادا کر چکو تو اٹھتے بیٹھتے اور لیٹے اللہ تعالیٰ کا ذکر کرتے رہو اور جب اطمینان پاؤ تو نماز قائم کرو یقیناً نماز مومنوں پر مقررہ وقتوں پر فرض ہے۔

توضیح: اللہ تعالیٰ نے آیت مذکورہ میں نماز سفر اور نماز خوف کے تعلق سے بیان فرمایا، نماز کسی حال میں معاف نہیں البتہ حالت مجبوری میں آسانی دے دی گئی ہے سفر میں نماز قصر کرنا اللہ تعالیٰ کو پسند ہے سفر ۴۸ میل کا ہو اور قیام مدت ۱۹ دن تک کسی مسجد میں مقامی امام کے پیچھے پوری پڑھنا ہے قصر صرف چار رکعت فرض والی نماز کی ہے سنتیں نہیں پڑھنا ہے صرف نماز فجر اور نماز وتر مستثنیٰ ہیں خوف کی نماز کا طریقہ مذکورہ آیات میں ہے میدان جنگ میں جب دونوں فوجیں مومنوں و کافروں کی آمنے سامنے ہوں یا سخت سے سخت مسلم کش فسادات درپیش ہوں تب بھی نماز خوف ادا کی جائے گی۔ حالت بیماری میں بیٹھ کر یا لیٹ کر یا اشاروں سے نماز ادا کی جائے گی جب تک ہوش و حواس ہو گا نماز ہے بے ہوشی پر نہیں مگر نماز معاف نہیں کوئی کہے پیر، فقیر، ولی پر معاف ہے وہ جھوٹا شیطان ہے۔

نماز میں سستی کرنے والے منافق ہیں

ان المنفقین یخدعون اللہ وھو خادعھم واذا اقاموا الی الصلوٰۃ قاموا کسالٰی یرآءون الناس ولایذکرون اللہ الا قلیلا (النسآء ۱۴۲،۱۴۳:۴)

ترجمہ: بے شک منافق اللہ سے چالبازیاں کر رہے ہیں اور وہ انہیں اس چالبازی کا بدلہ دینے والا ہے اور جب نماز کو کھڑے ہوتے ہیں تو بڑی کاہلی کی حالت میں کھڑے ہوتے ہیں صرف لوگوں کو دکھاتے ہیں اور یاد الٰہی تو یونہی سی برائے نام کرتے ہیں۔

وہ درمیان میں ہی معلق ڈگمگا رہے ہیں، نہ پورے ان کی طرف نہ صحیح طور پر ان کی طرف اور جسے اللہ تعالیٰ گمراہی میں ڈال دے تو اس کے لئے کوئی راہ نہ پائے گا۔

توضیح: اللہ تعالیٰ نے ان آیات میں منافقین کی نماز کا حال بیان فرمایا ہے منافقین کاہلی اور سستی کے ساتھ نماز پڑھتے تھے خصوصاً عشاء اور فجر کی نماز ان پر گویا پہاڑ تھی ایک موقع پر آپ ﷺ نے ارشاد فرمایا کہ "یہ منافق کی نماز ہے، یہ منافق کی نماز ہے یہ منافق کی نماز کہ بیٹھا ہوا سورج کا انتظار کرتا رہتا ہے یہاں تک کہ جب سورج شیطان کے دو سینگوں کے درمیان ہو جاتا ہے تو اٹھتا ہے اور چار ٹھونگیں مار لیتا ہے" (مسلم کتاب المساجد) آج کتنے ایسے لوگ دیکھنے میں ہر روز آتے ہیں کہ فجر میں جماعت کے بعد آتے ہیں اور مسجد میں کتنی اور جماعتیں قائم کرتے ہیں آپ بیٹھ کر گنتے جاؤ یہ منافقین ہیں منافقین نماز تو پڑھتے ہیں مگر سستی کے ساتھ اور ریاکاری کے لئے مگر آج مسلمان نماز پڑھتا ہی نہیں اس کا انجام؟

بے نمازی کافروں کے دوست ہیں

واذاناديتم الى الصلوٰة اتخذوهاهزواولعبا ذلک بانهم قوم لا يعقلون (المآئدة ۵۸۵:۵)

ترجمہ: اور جب تم نماز کے لیے پکارتے ہو تو وہ اسے ہنسی کھیل ٹھیرا لیتے ہیں یہ اس واسطے کہ بے عقل ہیں

توضیح: اللہ تعالیٰ نے یہود و نصاریٰ کفار و مشرکین سے دوستی کی ممانعت کی وجہ بیان فرمایا ہے کہ وہ لوگ دین اسلام کا مذاق اڑاتے ہیں اذان اور نماز سے ان کو دشمنی ہے ان کی چاہت ہے کہ یہ لوگ مساجد سے کٹ جائیں اس لئے تو یہ لوگ مزار پرستی قبر پرستی والوں کا ساتھ دیتے ہیں ان کے ساتھ مل کر چادر چڑھاتے ہیں مگر نماز سے ان کو بیر ہے

حدیث میں آتا ہے کہ جب شیطان اذان کی آواز سنتا ہے تو گوز مارتا ہوا بھاگ جاتا ہے، جب اذان ختم ہو جاتی ہے تو پھر آ جاتا ہے، تکبیر کے وقت پھر پیٹھ پھیر کر چل دیتا ہے، جب تکبیر ختم ہو جاتی ہے تو پھر آ کر نمازیوں کے دلوں میں وسوسے پیدا کرتا ہے (صحیح البخاری کتاب الأذان، صحیح مسلم، کتاب الصلوٰۃ) شیطان ہی کی طرح شیطان کے پیروکاروں کو اذان کی آواز اچھی نہیں لگتی، اس لیے وہ اس کا مذاق اڑاتے ہیں نمازیں پڑھو اور اللہ تعالیٰ کو راضی کرو شیطان کو خوش نہ کرو۔

نماز کا چھوڑنا شیطان کو خوش کرنا ہے

یاایھا الذین امنوا انما الخمر والمیسر والانصاب والازلام رجس من عمل الشیطن فاجتنبوہ لعلکم تفلحون (المآئدة ۹۰۹۱۹۲:۵)

ترجمہ: اے ایمان والوں! بات یہی ہے کہ شراب اور جوا اور تھان اور فال نکالنے کے پانسے کے تیر یہ سب گندی باتیں، شیطانی کام ہیں ان سے بالکل الگ رہو تا کہ تم فلاح

یاب ہو۔

شیطان تو یوں چاہتا ہے کہ شراب اور جوئے کے ذریعے سے تمہارے آپس میں عداوت اور بغض واقع کرادے اور اللہ تعالیٰ کی یاد سے اور نماز سے تم کو باز رکھے سو اب بھی باز آجاؤ اور تم اللہ تعالیٰ کی اطاعت کرتے رہو اور رسول صلی اللہ علیہ وسلم کی اطاعت کرتے رہو اور احتیاط رکھو اگر اعراض کروگے تو یہ جان رکھو کہ ہمارے رسول کے ذمہ صرف صاف صاف پہنچادینا ہے۔

توضیح: اللہ تعالیٰ نے ان آیات میں شراب اور جوا اور تھان اور فال نکالنا تیر سے ان سارے کاموں کی حرمت اور یہ کہ یہ سارے کام شیطانی غلیظ اور گندے کام ہیں اس کے ذریعہ شیطان آپس میں عداوت و دشمنی بغض و عناد کے لاوے بھڑکاتا ہے اور ان کاموں کے کرنے سے خصوصاً اللہ تعالیٰ کے ذکر اور نمازوں سے بے حد دوری ہو جاتی ہے انسانوں کے دل سیاہ ہو جاتے ہیں ان کاموں کے کرنے سے فتنہ و فساد برپا ہو جاتا ہے اور شیطان اپنے منصوبوں کی تکمیل پر باغ باغ ہو جاتا ہے انسان اللہ اور اس کے رسول کی اتباع کے بجائے شیطان کے پیروکار ہو جاتا ہے۔

نماز تقویٰ کی پہچان ہے

وان اقیموا الصلوۃ واتقوہ وھو الذی الیہ تحشرون (الانعام ۲۷:۶)

ترجمہ: اور یہ کہ نماز کی پابندی کرو اور اس سے ڈرو اور وہی ہے جس کے پاس تم سب جمع کئے جاؤ گے۔

توضیح: اللہ تعالیٰ ان آیات سے پہلے شرک اور کفر کے گھناؤنے انجام کا ذکر فرمایا اور اس کے بعد راہ مستقیم کی پہچان کہ اصل سیدھا راستہ اللہ وحدہٗ لاشریک کی عبادت ہے کہ

سارے انسان صرف اللہ رب العزت کے سامنے جھک جائیں اس کے مطیع و فرمانبر دار ہو جائیں۔

اس کی اطاعت فرمانبر داری کی اہم علامت اقامت نماز بتائی گئی ہے کہ نماز قائم کرو اور اس سے ڈرو کیوں کہ تم سب کو اسی کی طرف لوٹ کر جانا ہے تقویٰ اور پرہیز گاری اسی نماز سے حاصل ہوتی ہے اس کے بغیر کوئی متقی نہیں بن سکتا یہ اللہ تعالیٰ کی طرف سے سند خاص ہے۔

نماز آخرت پر ایمان کی علامت ہے

وہذا کتب انزلنہ مبرک مصدق الذی بین یدیہ و لتنذر ام القریٰ و من حولھا والذین یومنون بالاخرۃ یومنون بہ وھم علی صلاتھم یحافظون (الانعام ۶:۹۲)

ترجمہ: اور یہ بھی ایسی ہی کتاب ہے جس کو ہم نے نازل کیا ہے جو بڑی برکت والی ہے، اپنے سے پہلی کتابوں کی تصدیق کرنے والی ہے اور تاکہ آپ مکہ والوں کو اور آس پاس والوں کو ڈرائیں اور جو لوگ آخرت کا یقین رکھتے ہیں ایسے لوگ اس پر ایمان لے آتے ہیں اور وہ اپنی نماز پر ہمیشگی برتتے ہیں۔

توضیح: اللہ تعالیٰ نزول قرآن کریم کا مقصد بیان فرمارہا ہے کہ یہ کتاب بڑی برکتوں والی سابقہ کتب کی تصدیق کرنے والی ہے اس پر عمل کرنے والے ہمیشہ اللہ کی رحمتوں کے مستحق ہوتے ہیں اور یہ کتاب سارے عالم کے لوگوں کے لئے نصیحت نامہ ہے کہ لوگ اسے اپنا دستور العمل بنائیں یہ کتاب مردوں پر اور نئی دکانوں، نئے گھروں میں قرآن خوانی کے لئے نہیں ہے بلکہ یہ زندہ لوگوں کے لئے ڈراوا ہے (یٰسٓ:۷۰) آخرت پر ایمان رکھنے والے اس پر ایمان لاکر اس پر عمل پیرا ہو جاتے ہیں اور یہ لوگ ہمیشہ نمازوں

کی پابندی کرتے ہیں۔

نماز مسلمان کی پہچان ہے

قل ان صلاتی ونسکی ومحیای ومماتی للہ رب العلمین لاشریک لہ وبذلک امرت وانا اول المسلمین (الانعام ۱۶۲۱۶۳: ۶)

ترجمہ: آپ فرمادیجئے کہ بالقین میری نماز اور میری قربانی اور میرا جینا اور میرا مرنا یہ سب خالص اللہ ہی کے لیے ہے جو سارے جہان کا مالک ہے اس کا کوئی شریک نہیں اور مجھ کو اسی کا حکم ہوا ہے اور میں سب ماننے والوں میں سے پہلا ہوں۔

توضیح: اللہ تعالیٰ نے سارے انبیاء اکرام علیہم الصلوٰۃ والسلام کو یہی حکم دیا تھا اور انھوں نے اس پر پورا پورا عمل کیا اور اپنی قوم کو بھی یہ پیغام سنایا خود رحمۃ اللعلمین ﷺ کو حکم دیا جارہا ہے کہ آپ بھی یہ اعلان فرمادیں کہ ساری عبادت الوہیت وربوبیت وجملہ اسماء وصفات قیام ورکوع وسجود ودعا والتجا سب کچھ اللہ ہی کے لئے خاص ہیں نماز اور ساری عبادتیں یہی تو اصل وسیلہ ہیں وسیلہ کہتے ہیں اللہ سے قرب کا ذریعہ نیک اعمال ہی اللہ تعالیٰ سے قرب کا ذریعہ ہیں آج وسیلہ کی غلط تعبیر کی جاتی ہے کفار ومشرکین بھی ایسے غلط تعبیر کے شکار ہیں بت کا ذریعہ قبر والے کا ذریعہ (وغیرہ وغیرہ) اللہ کی پناہ۔

نماز قرآن کریم پر ایمان کی علامت ہے

والذین یمسکون بالکتب واقاموا الصلوٰۃ انالا نضیع اجرا لمصلحین (الاعراف ۱۷۰: ۷)

ترجمہ: اور جو لوگ کتاب کے پابند ہیں اور نماز کی پابندی کرتے ہیں، ہم ایسے لوگوں کا جو اپنی اصلاح کریں ثواب ضائع نہ کریں گے

توضیح: اللہ تعالیٰ نے آیت مذکورہ میں کتاب اللہ کے پابند لوگوں کی تعریف فرمائی ہے کہ وہ نمازوں کو قائم کرتے ہیں جو اپنی اصلاح کرتے ہیں وہ ایسے لوگ ہیں جو اجر و ثواب کے لئے کوشاں ہیں نمازوں کو قائم کئے ہوئے ہیں اللہ تعالیٰ ایسے نیکوکاروں کے اجر کو ضائع نہیں کرے گا سبحان اللہ کیا وعدہ ہے اللہ کا۔

اقامت نماز کعبۃ اللہ سے محبت کی علامت ہے

وما لھم الا یعذبھم اللہ وھم یصدون عن المسجد الحرام وما کانوا اولیآء ہ ان اولیآؤہ الا المتقون ولکن اکثرھم لا یعلمون وما کان صلاتھم عند البیت الا مکاء وتصدیۃ فذوقوا العذاب بما کنتم تکفرون (الانفال ۸:۳۴،۳۵)

ترجمہ: اور ان میں کیا بات ہے کہ ان کو اللہ تعالیٰ سزا نہ دے حالانکہ وہ لوگ مسجد حرام سے روکتے ہیں، جب کہ وہ لوگ اس مسجد کے متولی نہیں اس کے متولی تو سوا متقیوں کے اور اشخاص نہیں، لیکن ان میں اکثر لوگ علم نہیں رکھتے اور ان کی نماز کعبہ کے پاس صرف یہ تھی سیٹیاں بجانا اور تالیاں بجانا سو اپنے کفر کے سبب اس عذاب کا مزہ چکھو۔

توضیح: مکہ کے کفار اور مشرکین اپنے آپ کو مسجد حرام (خانہ کعبہ) کا متولی سمجھتے تھے اور اس اعتبار سے جس کو چاہتے طواف کی اجازت دیتے اور جس کو چاہتے نہ دیتے چنانچہ مسلمانوں کو بھی وہ مسجد حرام میں آنے سے روکتے تھے دراں حالیکہ وہ اس کے متولی ہی نہیں تھے، اس پر حکمراں (زبردستی) بنے ہوئے تھے اللہ تعالیٰ نے فرمایا، اس کے متولی تو متقی افراد ہی بن سکتے ہیں وہاں صرف توحید پرستوں کی حکمرانی ہو گی الحمد للہ آج موجودہ سعودی حکومت بھی متقی پرہیز گار ہیں توحید کے متوالے ہیں شرک و بدعت

کو ملیامیٹ کرنے والے ہیں ہندوستان کے بریلوی مسلمان جو قبر پرست اور بدعتی ہیں وہ سعودی عرب کے دشمن ہیں وہاں جانے سے ان کے پیچھے نماز پڑھنے سے روکتے ہیں اس قرآنی آیات کی روسے وہ خود ہی مشرک ہیں انہیں توبہ کرنا چاہئے اور اپنے آپ کو توحید پرست بنانا چاہئے مشرکین مکہ کی عبادت کعبہ کے پاس صرف سیٹیاں بجانا اور تالیاں بجانا تھیں اسی طرح آج کے بریلوی صوفی، خانقاہوں، آستانوں میں رقص کرتے ہیں محفل شمع بالکل اسی کی نقل ہیں۔

نماز کی بشارت عظمیٰ

واوحینآ الیٰ موسی واخیہ ان تبوالقومکما بمصر بیوتاواجعلو ابیوتکم قبلۃ واقیمو الصلوۃ وبشر المومنین(یونس۸۷:۱۰)

ترجمہ :اور ہم نے موسیٰ(علیہ السلام) اور ان کے بھائی کے پاس وحی بھیجی کہ تم دونوں اپنے ان لوگوں کے لیے مصر میں گھر برقرار رکھو اور تم سب اپنے انہی گھروں کو نماز پڑھنے کی جگہ قرار دے لو اور نماز کے پابند رہو اور آپ مسلمانوں کو بشارت دے دیں۔

توضیح: اللہ تعالیٰ نے حضرت موسیٰ وہارون علیہم السلام کی طرف وحی بھیجی کہ بنی اسرائیل کو مصر میں ٹھہرائے رکھو اور ان کے لئے انہیں کے گھروں میں نماز کا اہتمام کرواؤاور تم سب مل کر نمازیں قائم کرو نمازوں سے غفلت بالکل نہ کرنا چونکہ نمازیں اللہ تعالیٰ کے قرب کا سب سے بڑا وسیلہ ہیں اللہ تعالیٰ نے ہر دور میں ہر پیغامبروں کی امتوں کے لئے نماز کی اقامت کا حکم دیا گیا تھا جنھوں نے اس پر عمل کیا اس نے اللہ کی بندگی کا حق ادا کیا اور جنھوں نے اس سے غفلت برتی وہ اللہ کا سب سے بڑا نافرمان ہے۔

نماز برائیوں کو مٹانے والی ہے

واقم الصلوٰۃ طرفی النھاروزلفامن الیل ان الحسنت یذھبن السیات ذلک ذکری للذکرین واصبر فان اللہ لایضیع اجرا لمحسنین (ھود ۱۱۴۱۱۵:۱۱)

ترجمہ: دن کے دونوں سروں میں نماز برپارکھ اور رات کی کئی ساعتوں میں بھی، یقیناً نیکیاں برائیوں کو دور کر دیتی ہیں یہ نصیحت پکڑنے والوں کے لئے آپ صبر کرتے رہیے یقیناً اللہ تعالیٰ نیکی کرنے والوں کا اجر ضائع نہیں کرتا

توضیح: اللہ تعالیٰ یہاں دن کے دونوں کناروں یعنی فجر کی نماز جو طلوع آفتاب کے قریب ہے اور مغرب کی نماز جو غروب آفتاب کے قریب ہے اسی طرح بنی اسرائیل آیت:۷۸ میں آفتاب ڈھلنے کے بعد کی نماز یعنی ظہر اور عصر کی پھر رات کی تاریکی تک یعنی مغرب اور عشاء کی پھر نماز فجر کا ذکر ہے جو بعد میں ذکر آرہا ہے خصوصیت کے ساتھ پانچوں نمازوں کی اقامت کا حکم دیا ہے اگر کوئی چار وقت کی نمازیں، پڑھے اور ایک وقت کی نماز ترک کرے اس کی چاروں نمازیں عبث وبے کار ہوں گی اس لئے پانچوں وقت کی نمازوں کا قائم کرنا ہے

دعائے ابراہیمی میں اقامت نماز کا ذکر

واذ قال ابراھیم رب اجعل ھٰذالبلد امناواجنبنی وبنيَ ان نعبدالاصنام الآیات (ابرھیم ۳۵۴۱:۱۴)

ترجمہ: (ابراہیم کی یہ دعا بھی یاد کرو) جب انھوں نے کہا کہ اے میرے پروردگار! اس شہر کو امن والا بنادے اور مجھے اور میری اولاد کو بت پرستی سے پناہ دے اے میرے پالنے والے معبود! انھوں نے بہت سے لوگوں کو راہ سے بھٹکا دیا ہے پس میری تابعداری

کرنے والا میرا ہے اور جو میری نافرمانی کرے تو تو بہت ہی معاف اور کرم کرنے والا ہے اے ہمارے پروردگار! میں نے اپنی کچھ اولاد اس بے کھیتی کی وادی میں تیرے حرمت والے گھر کے پاس بسائی ہے اے ہمارے پروردگار! یہ اس لئے کہ وہ نماز قائم رکھیں، پس تو کچھ لوگوں کے دلوں کو ان کی طرف مائل کر دے اور انہیں پھلوں کی روزیاں عنایت فرماتا کہ یہ شکر گزاری کریں اے ہمارے پروردگار! تو خوب جانتا ہے جو ہم چھپائیں اور جو ظاہر کریں زمین و آسمان کی کوئی چیز اللہ پر پوشیدہ نہیں اللہ کا شکر ہے جس نے مجھے اس بڑھاپے میں اسماعیل و اسحاق (علیہما السلام) عطا فرمائے کچھ شک نہیں کہ میرا پالنہار اللہ دعاؤں کا سننے والا ہے اے میرے پالنے والے! مجھے نماز کا پابند رکھ اور میری اولاد سے بھی اے ہمارے رب میری دعا قبول فرما اے ہمارے پروردگار! مجھے بخش دے اور میرے ماں باپ کو بھی بخش اور دیگر مومنوں کو بھی بخش جس دن حساب ہونے لگے۔

توضیح: حضرت ابراہیم علیہ السلام نے اپنے اہل و عیال کو کعبۃ اللہ کے پاس آباد اس لئے کیا تھا کہ وہ اس کے گھر کو آباد کریں اور اللہ تعالیٰ کے گھروں کو آباد کرنا، نمازوں کو قائم کرنا ہے تاکہ اس کی زیب و زینت سے اور آپؑ نے اپنے لئے اور اپنے ذریات کے لئے نماز کو قائم کرنے کی دعا مانگی تھی جس سے معلوم ہوتا ہے کہ ملت ابراہیمی کا اصل حق توحید باری تعالیٰ کے بعد اقامت نماز ہے۔

نماز چھوڑنے والے ناخلف ہیں

فخلف من بعدھم خلف اضاعوالصلوۃ واتبعوا الشھوات فسوف یلقون غیا(مریم ۱۹:۶۰)

ترجمہ: پھر ان کے بعد ایسے ناخلف پیدا ہوئے کہ انھوں نے نماز ضائع کر دی اور نفسانی خواہشوں کے پیچھے پڑ گئے سو ان کا نقصان ان کے آگے آئے گا۔

توضیح: اللہ تعالیٰ نے ان آیات سے پہلے کچھ پیغمبروں کے تذکرہ کے ساتھ ان کی امتوں کا تذکرہ فرمایا کہ کچھ لوگوں نے اپنے نبیوں پر ایمان لا کر عمل صالح کیا اور اتباع کا حق ادا کیا مگر اس کے بعد ایسے ناخلف بد کردار لوگوں نے جنم لیا جنھوں نے اپنے پیغمبروں کے ناک میں دم کر دیا اتباع سے منہ موڑا پیغام الٰہی کو جھٹلایا خصوصاً نمازوں کی پابندی نہیں کی اس کو ضائع کیا یعنی ایک تو نماز پڑھا نہیں اور کبھی پڑھے بھی تو نماز کی صحت خشوع وخضوع کا خیال نہیں کیا کوے کی طرح ٹھونگیں ماریں یا کاہلی سستی کے ساتھ ادا کیا یا سرے سے نمازوں کو ترک کیا اس کی وجہ بتائی گئی کہ وہ خواہشات نفسانی میں پڑے رہے جس کے سبب وہ جہنم کے (غي جہنم میں ایک مقام) گڑھے میں جا گرے نمازوں سے غفلت برتنے والے ذرا ہوش میں آجائیں۔

نماز اللہ تعالیٰ کا اہم ذکر ہے

وھل اتک حدیث موسی اذرانارافقال لاھلہ امکثوا انی انست نارالعلی اتیکم منھابقبس اواجد علی النار ھدی (طٰہ ۱۰،۱۴: ۲۰)

ترجمہ: اور تجھے موسیٰ (علیہ السلام) کا قصہ بھی معلوم ہے جبکہ اس نے آگ دیکھ کر اپنے گھر والوں سے کہا کہ تم ذرا سی دیر ٹھہر جاؤ مجھے آگ دکھائی دے رہی ہے بہت ممکن ہے کہ میں اس کا کوئی انگارا تمہارے پاس لاؤں یا اگ کے پاس سے راستے کی اطلاع پاؤں جب وہ وہاں پہنچے تو آواز دی گئی اے موسیٰ یقیناً میں ہی تیرا پروردگار ہوں تو اپنی جوتیاں اتار دے کیونکہ تو پاک میدان طویٰ میں ہے اور میں نے تجھے منتخب کر لیا ہے اب جو وحی

کی جائے اسے کان لگا کر سن بے شک میں ہی اللہ ہوں، میرے سوا عبادت کے لائق اور کوئی نہیں پس تو میری ہی عبادت کر اور میری یاد کے لیے نماز قائم رکھ۔

توضیح: حضرت موسیٰ علیہ السلام بنی اسرائیل کو حضرت ہارون علیہ السلام کے سپرد کر کے کوہ طور میں تشریف لے گئے جہاں آپ کو اللہ تعالیٰ سے ہم کلامی بات کرنے کا شرف حاصل ہوا اور آپؑ کو نبوت سے سرفراز کیا گیا اور جب پیغام ربانی لے کر آپؑ واپس ہونے لگے تو اللہ رب العزت نے فرمایا کہ اب آپ ہمیں ہمیشہ یاد رکھنا، بھولنا نہیں اور اس یاد کے لئے اللہ تعالیٰ نے نماز کی اقامت کا حکم دیا کہ "ہماری یاد کے لئے نمازیں پڑھنا" معلوم ہوا کہ نماز اللہ تعالیٰ کی یاد اور اس کا ذکر کے لئے سب سے بڑا ذریعہ ہے جو نمازیں نہ پڑھیں وہ کافر و مشرک کے مثل ہیں کیوں کہ وہ نمازیں نہیں پڑھتے مزاروں میں، عرس میں، قوالیوں میں ضرور جاتے ہیں کیوں کہ یہ طریقہ بھی ان کے مثل ہے۔

نماز روح کی تسکین سے

فاصر علی مایقولون وسبح بحمد ربک قبل طلوع الشمس وقبل غروبھا ومن انای الیل فسبح واطراف النھار لعلک ترضی (طٰہٰ ۲۰: ۱۳۰۱۳۲)

ترجمہ: پس ان کی باتوں پر صبر کر اور اپنے پروردگار کی تسبیح اور تعریف بیان کرتا رہ، سورج نکلنے سے پہلے اور اس کے ڈوبنے سے پہلے، رات کے مختلف وقتوں میں بھی اور دن کے حصوں میں بھی تسبیح کرتا رہ بہت ممکن ہے کہ تو راضی ہو جائے اور اپنی نگاہیں ہرگز ان چیزوں کی طرف نہ دوڑانا جو ہم نے ان میں سے مختلف لوگوں کو آرائش دنیا کی دے رکھی ہیں تاکہ انہیں اس میں آزمالیں تیرے رب کا دیا ہوا ہی (بہت) بہتر اور بہت باقی رہنے والا ہے اپنے گھرانے کے لوگوں پر نماز کی تاکید رکھئے اور خود بھی اس پر جمے

رہے ہم تجھ سے روزی نہیں مانگتے، بلکہ ہم خود تجھے روزی دیتے ہی، آخر میں بول بالا پرہیز گاری ہی کا ہے انھوں نے کہا کہ یہ نبی ہمارے پاس اپنے پروردگار کی طرف سے کوئی نشانی کیوں نہیں لایا؟ کیا ان کے پاس اگلی کتابوں کی واضح دلیل نہیں پہنچی؟

توضیح: رحمۃ اللعلمین رسول اللہ ﷺ کے گھر کچھ مہمان آئے، مگر مہمان نوازی کے لئے دربار رسالت میں کچھ نہ تھا آپ ﷺ نے ایک یہودی کے گھر سے ادھار کچھ سامان طلب فرمائے مگر یہودی نے کوئی چیز رہن رکھے بغیر دینے سے انکار کر دیا، جس سے آپ ﷺ کو روحانی تکلیف پہنچی پھر آپ ﷺ نے اپنی زرہ مبارک رہن میں رکھ کر مہمان نوازی فرمائی۔ سبحان اللہ مہمانوں کا کتنا خیال آپ کی تسلی اور حوصلہ افزائی کے لیے آیات مذکورہ نازل ہوئیں نمازوں سے دلوں کو تسکین حاصل ہوتا ہے اللہ تعالیٰ نے آپ ﷺ کی دلی تسکین کے لئے فرمایا کہ آپ خود نماز پڑھئے اور اپنے گھر والوں کو بھی اس کی تاکید فرمایئے۔

سب چیزیں اپنی نماز سے واقف ہیں

الم تران اللہ یسبح لہ من فی السمٰوٰت والارض والطیر صفات کل قد علم صلاتہ وتسبیحہ واللہ علیم بمایفعلون (النور ۴۱:۲۴)

ترجمہ: کیا تم نے نہیں دیکھا کہ آسمانوں اور زمین میں جو بھی ہے سب اللہ کی تسبیح بیان کرتی ہے پر پھیلائے ہوئے پرندے بھی اور ہر ایک اپنی نماز اور تسبیح سے واقف ہے اور جو کچھ وہ لوگ کر رہے ہیں اس کا اللہ کو علم ہے۔

توضیح: ساری چیزیں رب کے سامنے سر بسجود ہیں تسبح لہ السمٰوٰت السبع والارض الایۃ ساتوں آسمان کی چیزیں اور زمین کی ساری چیزیں اس کی حمد و ثنا میں مصروف ہیں لیکن تم

ان کی تسبیحات سمجھنے سے قاصر ہو (بنی اسرائیل ۱۷:۴۴) انسان اللہ تعالیٰ کی عبادت کے لئے پیدا کیا گیا ہے اور ساری نعمتیں اللہ نے اس کے لئے بنائیں ہیں مگر واہ رے انسان تو کتنا سرکش ہے کہ اس کے سامنے جھکنے سے بے زار ہے مگر یاد رکھ تو اپنا ہی نقصان کر رہا ہے۔

نصائح لقمان میں اقامت نماز کا ذکر

ولقد اتینا لقمن الحکمۃ ان اشکر للہ ومن یشکر فانما یشکر لنفسہ ومن کفر فان اللہ غنی حمید واذ قال لقمن لابنہ وھو یعظہ یبنی لا تشرک باللہ ان الشرک لظلم عظیم الآیات یبنی اقم الصلوۃ وامر بالمعروف وانہ عن المنکر واصبر علی ما اصابک ان ذلک من عزم الامور الایۃ (لقمن ۳۱:۱۲۱۹)

ترجمہ: اور ہم نے یقیناً لقمان کو حکمت دی تھی کہ تو اللہ تعالیٰ کا شکر کر ہر شکر کرنے والا اپنے ہی نفع کے لیے شکر کرتا ہے جو بھی ناشکری کرے وہ جان لے کہ اللہ تعالیٰ بے نیاز اور تعریفوں والا ہے اور جب کہ لقمان نے وعظ کہتے ہوئے اپنے لڑکے سے فرمایا کہ میرے پیارے بچے! اللہ کے ساتھ شریک نہ کرنا بیشک شرک بڑا بھاری ظلم ہے ہم نے انسان کو اس کے ماں باپ کے متعلق نصیحت کی ہے، اس کی ماں نے دکھ پر دکھ اٹھا کر اسے حمل میں رکھا اور اس کی دودھ چھڑائی دو برس میں ہے کہ تو میری اور اپنے ماں باپ کی شکر گزاری کر (تم سب کو) میری ہی طرف لوٹ کر آنا ہے اور اگر وہ دونوں تجھ پر اس بات کا دباؤ ڈالیں کہ تو میرے ساتھ شریک کرے جس کا تجھے علم نہ ہو تو توان کا کہنا نہ ماننا، ہاں دنیا میں ان کے ساتھ اچھی طرح بسر کرنا اور اس کی راہ چلنا جو میری طرف جھکا ہوا ہو

تمہارا سب کا لوٹنا میری ہی طرف ہے تم جو کچھ کرتے ہو اس سے پھر میں تمہیں خبر دار کر دوں گا۔

پیارے بیٹے! اگر کوئی چیز رائی کے دانے کے برابر ہو پھر وہ (بھی) خواہ کسی چٹان میں ہو یا اسمانوں میں ہو یا زمین میں ہو اسے اللہ تعالیٰ ضرور لائے گا اللہ تعالیٰ بڑا باریک بین اور خبر دار ہے اے میرے پیارے بیٹے! تو نماز قائم رکھنا، اچھے کاموں کی نصیحت کرتے رہنا، برے کاموں سے منع کیا کرنا اور جو مصیبت تم پر اجائے صبر کرنا (یقین مان) کہ یہ بڑے تاکیدی کاموں میں سے ہے لوگوں کے سامنے اپنے گال نہ پھلا اور زمین پر اترا کر نہ چل کسی تکبر کرنے والے شیخی خورے کو اللہ تعالیٰ پسند نہیں فرماتا اپنی رفتار میں میانہ روی اختیار کر اور اپنی آواز پست کر یقیناً آوازوں میں سب سے بدتر آواز گدھوں کی آواز ہے۔

توضیح: حضرت لقمان نے اپنے بیٹے کو جو نصیحت فرمائی تھی اللہ تعالیٰ نے اسے انسان کے عمل کے لیے آیات مذکورہ نازل فرمایا جس پر عمل کرنے سے انسانوں کو دونوں جہاں میں فلاح و کامرانی سے سرفراز ہونا ہے اور جو اس سے روگردانی کرے اس پر عمل پیرا نہ ہو اسے دونوں جہاں کی ذلت و رسوائی کا سامنا کرنا ہو گا مذکورہ نصائح بالکل واضح ہیں جس کی تفسیر کی ضرورت نہیں۔

اقامت نماز میدان محشر میں محافظ ہے

ولا تزروازرۃ وزر اخریٰ وان تدع مثقلۃ الیٰ حملھا لا یحمل منہ شی ولو کان ذاقربی انما تنذرالذین یخشون ربھم بالغیب واقاموا الصلوۃ ومن تزکی فانما یتذکی لنفسہ والی اللہ المصیر (فاطر ۳۵:۱۸)

ترجمہ: کوئی بھی بوجھ اٹھانے والا دوسرے کا بوجھ نہیں اٹھائے گا اگر کوئی گراں بار

دوسرے کو اپنا بوجھ اٹھانے کے لیے بلائے گا تو وہ اس میں سے کچھ بھی نہ اٹھائے گا گو قرابت دار ہی ہو تو صرف انہی کو آگاہ کر سکتا ہے جو غائبانہ طور پر اپنے رب سے ڈرتے ہیں اور نمازوں کی پابندی کرتے ہیں اور جو بھی پاک ہو جائے وہ اپنے ہی نفع کے لیے پاک ہو گا لوٹنا اللہ ہی کی طرف ہے۔

توضیح: یوم الحساب میدان محشر میں انسانوں کی جو حالت ہو گی اسے یہاں اللہ تعالیٰ نے بیان فرمایا جہاں کوئی کسی کے کام نہ آسکے گا صرف اس کے اعمال صالح اس کے کام آئیں گے نیک اعمال میں اقامت نماز اہم عمل ہے جو اسے ترک کرے وہی نقصان اٹھانے والوں میں ہو گا۔

نماز اللہ کی خوشنودی کا ذریعہ ہے

محمد رسول اللہ والذین معہ اشدآء علی الکفار رحماء بینھم الآیۃ(الفتح ۴۸:۲۹ آخری آیت)

ترجمہ: محمد (ﷺ) اللہ کے رسول ہیں اور جو لوگ ان کے ساتھ ہیں کافروں پر سخت ہیں آپس میں رحمدل ہیں، تو انہیں دیکھے گا کہ رکوع اور سجدے کر رہے ہیں اللہ تعالیٰ کے فضل اور رضامندی کی جستجو میں ہیں، ان کا نشان ان کے چہروں پر سجدوں کے اثر سے ہے، ان کی یہی مثال تورات میں ہے اور ان کی مثال انجیل میں ہے، مثل اس کھیتی کے جس نے اپنا انکھوا نکالا، پھر اسے مضبوط کیا اور وہ موٹا ہو گیا پھر اپنے تنے پر سیدھا کھڑا ہو گیا اور کسانوں کو خوش کرنے لگا تاکہ ان کی وجہ سے کافروں کو چڑائے، ان ایمان والوں اور نیک اعمال والوں سے اللہ نے بخشش کا اور بہت بڑے ثواب کا وعدہ کیا ہے۔

توضیح: اللہ رب العزت نے پیارے رسول ﷺ کے پیارے اصحاب کرام رضی

اللہ عنہم اجمعین کی عظمت و فضیلت بیان فرمائی ہے اور ان کے اوصاف جمیلہ کہ وہ آپس میں رحم دل ہیں مگر جو اسلام کے خلاف آواز بلند کرتے ہیں ان کافرین و مشرکین کے لئے بڑے سخت بھی ہیں اور وہ اللہ تعالیٰ کی خوشنودی اور اس کی رضا کے لئے اللہ تعالیٰ کے سامنے جھکتے ہیں نمازوں کے پابند ہیں جن کے چہروں اور ان کی پیشانیوں پر نماز کا نور جھلک رہا ہے ایسے نیک صالح لوگوں کی مثالیں اللہ تعالیٰ نے تورات اور انجیل میں بھی ذکر فرمائی ہے پھر اللہ نے اصحاب کرام کی مثال کھیتی سے دی ہے کہ پہلے وہ کم تعداد میں تھے پھر زیادہ اور مضبوط ہو گئے جنہیں دیکھ کر مشرکین و کافرین کے حسد و بغض و عناد کے لاوے پک رہے ہیں پھر اللہ تعالیٰ نے ایسے ایمان والے اور صالحین کے لئے مغفرت و بخشش کا وعدہ فرمایا ہے۔

نمازی جنتی ہیں

ان الانسان خلق ھلوعا والذین ھم علیٰ صلاتھم یحافظون اولئک فی جنت مکرمون (المعارج ۱۹:۳۵-۷۰)

ترجمہ: بے شک انسان بڑے کچے دل والا پیدا کیا گیا ہے جب اسے مصیبت پہنچتی ہے تو ہڑبڑا اٹھتا ہے اور جب راحت ملتی ہے تو بخل کرنے لگتا ہے مگر نمازی جو اپنی نمازوں پر ہمیشگی کرنے والے ہیں اور جن کے مالوں میں (ضرورت مندوں کے لئے) حصہ مقرر ہے مانگنے والوں کا بھی اور سوال سے بچنے والوں کا بھی اور جو انصاف کے دن کا یقین رکھتے اور جو اپنے رب کے عذاب سے ڈرتے رہتے ہیں بے شک ان کے رب کا عذاب بے خوف ہونے کی چیز نہیں ہے اور جو لوگ اپنی شرم گاہوں کی حفاظت کرتے ہیں مگر ان کی بیویوں اور لونڈیوں کے جن کے وہ مالک ہیں انہیں کوئی ملامت نہیں اب جو کوئی اس کے

علاوہ راہ ڈھونڈے گا تو ایسے لوگ حد سے گزر جانے والے ہیں اور جو اپنی امانتوں کا اور قول و قرار کا پاس رکھتے ہیں اور جو اپنی گواہوں پر سیدھے اور قائم رہتے ہیں اور جو اپنی نمازوں کی حفاظت کرتے ہیں یہی لوگ جنتوں میں عزت والے ہوں گے۔

توضیح: اللہ تعالیٰ نے انسان کی کمزوری بیان فرمائی ہے کہ جب اسے کسی آزمائش میں مبتلا کیا جاتا ہے تو وہ اس پر ثابت قدم نہیں رہتا ہے (الا ماشاء اللہ) مگر نمازیوں کو اس سے مستثنٰی رکھا گیا ہے جو نمازی پابندی کے ساتھ اللہ تعالیٰ کے راستوں میں خرچ بھی کرتے ہیں مذکورہ آیات میں دو مرتبہ نماز کا ذکر ہے جس سے اس کی اہمیت کو واضح کیا گیا ہے اشارہ یہ دیا گیا ہے کہ جو نمازوں کے پابند ہوں گے وہی مذکورہ صفات سے متصف ہوں گے اور یہی لوگ جنتوں میں عزت والے ہوں گے اللھم اجعل منھم آمین۔

بے نماز مغرور ہوتا ہے

فلا صدق ولا صلی ولکن کذب وتولی ثم ذھب الیٰ اھلہٖ یتمطی (القیمہ ۰ ۳۱۴:۷۵)

ترجمہ: نہ اس نے تصدیق کی اور نہ نماز پڑھا بلکہ جھٹلایا اور روگردانی کی پھر اپنے گھر والوں کے پاس اتراتا ہوا گیا افسوس ہے تجھ پر حسرت ہے تجھ پر وائے ہے اور خرابی ہے تیرے لیے کیا انسان یہ سمجھتا ہے کہ اسے بیکار چھوڑ دیا جائے گا کیا وہ ایک گاڑھے پانی کا قطرہ نہ تھا جو ٹپکایا گیا تھا؟ پھر وہ لہو کا لوتھڑا ہو گیا پھر اللہ نے اسے پیدا کیا اور درست بنادیا پھر اس سے جوڑے یعنی نر و مادہ بنائے کیا (اللہ تعالیٰ) اس (امر) پر قادر نہیں کہ مردے کو زندہ کردے۔

توضیح: اللہ تعالیٰ نے ان آیات میں وہ سرکش انسان کی کیفیت فرمائی ہے کہ اس نے رسول اللہ ﷺ اور قرآن کریم کی تصدیق کی اور نہ نماز پڑھی وہ اللہ کی عبادت کرنے

سے روگردانی کرتا ہے وہ شریعت کے اصولوں کی ناقدری کرتا ہے اور وہ اکڑتا ہوا غرور و تکبر کی چال چلتا ہے، یہ کون بد نصیب ہے یہ وہ نافرمان ہے جو نماز نہیں پڑھتا ہے بے نمازی ہے کیونکہ اس کے دل میں اللہ کا خوف نہیں ہے اگر اس میں خوف ہوتا تو وہ صرف اللہ کے سامنے جھکنے والا ہوتا دوبارہ اٹھائے جانے کا اسے یقین ہی نہیں ہے۔

قد افلح من تزکی وذکر اسم ربہ فصلی (الاعلیٰ ۱۴:۱۹، ۸۷)

ترجمہ: بے شک اس نے فلاح پالی جو پاک ہو گیا اور جس نے اپنے رب کا نام یاد رکھا اور نماز پڑھتا رہا لیکن تم تو دنیا کی زندگی کو ترجیح دیتے ہو اور آخرت بہت بہتر اور بہت بقا والی ہے یہ باتیں پہلی کتابوں میں بھی ہیں (یعنی) ابراہیم اور موسیٰ کی کتابوں میں۔

توضیح: اللہ تعالیٰ کی عدالت میں وہ شخص کامیاب ہو گیا جس نے اپنے نفس کو معصیت و گناہوں سے اور بد اخلاقی سے بچالیا، ان آیات میں یہ وضاحت ہے کہ کون ہے وہ خوش نصیب؟ تو اس میں جواب ہے کہ جس نے اپنے رب کو ہمیشہ یاد رکھا کیوں کہ وہ نماز پڑھتا ہے اور وہ نماز ہی میں اللہ رب العزت کے سب سے زیادہ قریب ہوتا ہے اس سے نماز کی اہمیت کا اندازہ لگایا جا سکتا ہے یہ نمازیں صرف امت محمدیہ ہی پر فرض نہیں ہیں بلکہ اس سے قبل بھی یہ باتیں تھیں ابراہیم علیہ السلام اور موسیٰ علیہ السلام کی کتابوں میں بھی تھیں۔

بے نمازی ابو جہل کا بیٹا ہے

ارءیت الذی ینھی عبدا اذا صلی ارءیت ان کان علی الھدی (العلق ۸:۱۵، ۹۶)

ترجمہ: کیا آپ نے اس کو بھی دیکھا جو بندے کو روکتا ہے جبکہ وہ بندہ نماز ادا کرتا ہے بھلا بتلاؤ تو اگر وہ ہدایت پر ہو یا پرہیز گاری کا حکم دیتا ہو بھلا دیکھو تو اگر یہ جھٹلاتا ہو اور

منہ پھیر تا ہو تو کیا اس نے نہیں جانا کہ اللہ اسے خوب دیکھ رہا ہے یقیناً اگر یہ باز نہیں آیا تو ہم اس کی پیشانی کے بال پکڑ کر گھسیٹیں گے۔

توضیح: اللہ تعالیٰ نے آیات ہٰذا میں ابو جہل کے رویہ کو بیان کیا ہے ابو جہل آپؐ کا دشمن تھا اسے سب سے زیادہ نفرت اسی نماز سے تھی وہ جب آپ کو نماز پڑھتے سجدہ کرتے دیکھتا تو جل بھنج جاتا اور یہ ٹوہ میں رہتا کہ کب آپ کو سجدہ کی حالت میں پاؤں اور کسی وزنی چیز سے حملہ کر دوں ایک دفعہ آپ ﷺ پر سجدہ کی حالت میں اونٹ کی اوجھڑی لا کر ڈال دیا کسی نے آپ کی لخت جگر نور نظر بیٹی حضرت فاطمۃ الزہراؓ کو خبر دی کہ آپ کے ابا جان کے اوپر ابو جہل نے اوجھڑی ڈال دی تو فوراً آپ دوڑتی ہوئی آئیں اور اپنے ننھے ہاتھوں سے روتے ہوئے اوجھڑی ہٹائیں ایسے ہی ایک موقع پر جب آپ ﷺ سجدہ میں تھے تو ابو جہل نے اپنے ہاتھ میں ایک بڑا پتھر اٹھایا اور حملہ کرنا ہی چاہتا تھا کہ مارے گھبراہٹ کے چیخنے چلانے لگا لوگوں نے پوچھا تو بتایا کہ میں جب محمد (ﷺ) پر حملہ کرنا چاہا تو کوئی بھیانک چیز مجھے کھانے کے لئے دوڑی اور پتھر خود میرے ہاتھوں میں چپک گیا وغیرہ وغیرہ ایسی چیز کو اللہ نے بیان فرمایا ہے لہٰذا نماز پڑھ کر اللہ کو خوش کریں نماز آپؐ کی آنکھوں کی ٹھنڈک ہے نماز چھوڑ کر ابو جہل کے ساتھی نہ ہو جایئے۔

نماز سے غافل رہنے والوں کے لئے خرابی ہے

فویل اللمصلین الذین ھم عن صلاتھم ساھون (الماعون ۴۵:۱۰۷)

ترجمہ: پس ان نمازیوں کے لئے خرابی ہے جو اپنی نمازوں سے غافل ہیں۔

توضیح: اللہ تعالیٰ نے ایسے سیاہ کار لوگوں کو سخت وعید سنائی ہے جو اپنی نمازوں سے غفلت برتتے ہیں جو یا تو نماز پڑھتے ہی نہیں یا پڑھتے ہیں تو ٹال مٹول کر کے دیری سے یا

پھر نماز کو خشوع و خضوع کے ساتھ نہیں پڑھتے ایسے لوگوں کے لئے اللہ تعالیٰ نے ویل جو جہنم کی کھائی ہے مقام رکھا ہے یہ تو تھے سستی کاہلی سے پڑھنے والے مگر جو پڑھتے ہی نہیں ان کا انجام؟ لہٰذا بے نمازی مشرک و کافر ہیں۔

بسم اللہ الرحمن الرحیم

انا اعطینک الکوثر فصل لربک وانحر ان شانئک ھوالابتر (الکوثر ۱۳:۱۰۸)

ترجمہ: یقیناً ہم نے آپ کو حوض کوثر عطا کیا پس آپ اپنے رب کے لئے نماز پڑھئے اور قربانی کیجئے یقیناً آپ کا دشمن ہی لاوارث ناکام نامراد ہے۔

توضیح: آپ ﷺ کی اولاد نرینہ (لڑکے) زندہ نہ رہے بلکہ بچپن ہی میں انتقال کر گئے تھے اللہ کی مصلحت تھی تو کفار و مشرکین آپ ﷺ وطن دیتے تھے اور نامرد کہتے تھے ان کے اس قول کے رد میں آپ ﷺ کو خیر کثیر کی بشارت سنائی گئی حوض کوثر وہ ہے جس سے اہل ایمان جنت میں جانے سے قبل نبی ﷺ کے دست مبارک سے پانی پئیں گے اس حوض میں بھی پانی اسی جنت والی نہر سے آرہا ہوگا اسی طرح دنیا کی فتوحات اور آپ ﷺ کا رفع و دوام ذکر طط اور آخرت کا اجر و ثواب، سب ہی چیزیں "خیر کثیر" ہیں اور آپ کو نماز پڑھنے کا حکم ملا کہ نماز سے دلوں کو تسکین حاصل ہوتی ہے چونکہ آپؐ مشرکین کے طعنے سے رنجیدہ و غمگین ہوتے تھے آپ کے اس غم کو دور کرنے کے لئے اس سورہ کا نزول ہوا آپ ﷺ کو کفار نے ابتر کہا، جس پر اللہ تعالیٰ نے آپ ﷺ کو تسلی دی کہ ابتر آپ نہیں، بلکہ آپ کے ہی دشمن ہی ہوں گے چنانچہ اللہ تعالیٰ نے آپ ﷺ کی نسل کو بھی باقی رکھا گو اس کا سلسلہ لڑکی طرف سے ہی ہے۔

*****

چوتھا باب

الانفاق (خرچ)

قرابت داروں کا حق

یسئلونک ماذا ینفقون، قل ما انفقتم من خیر فللوالدین والاقربین والیتمی والمسکین وابن السبیل وماتفعلوا من خیر فان اللہ بہ علیم (البقرہ ۲:۲۱۵)

ترجمہ: آپ سے پوچھتے ہیں کہ وہ کیا خرچ کریں؟ آپ کہہ دیجئے جو مال تم خرچ کرو وہ ماں باپ کے لئے ہے اور رشتہ داروں اور یتیموں اور مسکینوں اور مسافروں کے لئے ہے اور تم جو کچھ بھلائی کروگے اللہ تعالیٰ کو اس کا علم ہے۔

توضیح: اصحاب کرامؓ نے صدقات فاضلہ کے تعلق سے سوال کیا کہ ہم کیسے اور کن لوگوں پر خرچ کریں تو اللہ تعالیٰ نے آیت ہٰذا نازل فرما کر سب سے پہلے اپنے اقرباء کے ساتھ خیر خواہی کرنے کی تاکید فرمائی آج کے امیر و مالدار لوگ اپنے والوں کو پہلے بھول جاتے ہیں۔

ویسئلونک ماذا ینفقون قل العفو کذٰلک یبین اللہ لکم الایت لعلکم تتفکرون (البقرہ ۲:۲۱۹)

ترجمہ: اور آپ سے یہ بھی دریافت کرتے ہیں کہ کیا کچھ خرچ کریں؟ تو آپ کہہ

دیجئے حاجت سے زائد چیز، اللہ تعالیٰ اسی طرح اپنے احکام صاف صاف تمہارے لئے بیان فرمارہا ہے، تاکہ تم سوچ سمجھ سکو۔

توضیح: خرچ کے تعلق سے پوچھے جانے پر اللہ نے کتنے احسن انداز میں اپنی ضروریات سے زائد پر خرچ کرنے کا حکم دیا آج حاجت سے زائد چیزوں کے انبار لگے ہیں مگر محتاجی و مفلسی تڑپ رہی ہے۔

یایھا الذین امنوا انفقوا مما رزقنکم من قبل ان یاتی یوم لا بیع فیہ ولا خلۃ ولا شفاعۃ والکفرون ھم الظلمون (البقرہ ۲۵۴:۲)

ترجمہ: اے ایمان والو! جو ہم نے تمہیں دے رکھا ہے اس میں سے خرچ کرتے رہو اس سے پہلے کہ وہ دن آئے جس میں نہ تجارت ہے نہ دوستی اور نہ شفاعت اور کافر ہی ظالم ہیں۔

توضیح: آیت ہٰذا میں بتایا گیا ہے کہ آج جو کچھ بھی مال و دولت کسی کے پاس ہے وہ اللہ کی دی ہوئی امانت ہے لہٰذا اس کو غنیمت سمجھتے ہوئے وہ ہولناک دن آنے سے پہلے پہلے اللہ کی راہ پر خرچ کر کے اپنی عاقبت سنوار لیں جس دن کوئی کسی کا نہیں ہو گا۔

امثال لانفاق

اللہ تعالیٰ نے چند مثالیں خرچ کرنے والوں کی بیان فرمائی ہیں اور کچھ احکامات بھی:

مثل الذین ینفقون اموالھم فی سبیل اللہ کمثل حبۃٍ انبت سبع سنابل فی کل سنبلۃٍ مائۃ حبۃٍ واللہ یضعف لمن یشاء واللہ واسع علیم الیٰ اخرہ الایۃ (البقرہ ۲۶۱:۲ سے ۲۷۶ تک)

ترجمہ: جو لوگ اپنا مال اللہ تعالیٰ کی راہ میں خرچ کرتے ہیں اس کی مثال اس دانے

جیسی ہے جس میں سے سات بالیاں نکلیں اور ہر بالی میں سو دانے ہوں، اور اللہ تعالیٰ جسے چاہے بڑھا چڑھا کر دے اور اللہ تعالیٰ کشادگی والا اور علم والا ہے

جو لوگ اپنا مال اللہ تعالیٰ کی راہ میں خرچ کرتے ہیں پھر اس کے بعد نہ تو احسان جتاتے ہیں نہ ایذا دیتے ہیں، ان کا اجر ان کے رب کے پاس ہے ان پر نہ تو کچھ خوف ہے نہ وہ اداس ہوں گے۔ نرم بات کہنا اور معاف کر دینا اس صدقہ سے بہتر ہے جس کے بعد ایذا رسانی ہو اور اللہ تعالیٰ بے نیاز اور بردبار ہے۔

اے ایمان والو! اپنی خیرات کو احسان جتا کر اور ایذا پہنچا کر برباد نہ کرو! جس طرح وہ شخص جو اپنا مال لوگوں کے دکھاوے کے لئے خرچ کرے اور نہ اللہ تعالیٰ پر ایمان رکھے نہ قیامت پر، اس کی مثال اس صاف پتھر کی طرح ہے جس پر تھوڑی سی مٹی ہو پھر اس پر زور دار مینہ برسے اور وہ اسے بالکل صاف اور سخت چھوڑ دے، ان ریاکاروں کو اپنی کمائی میں سے کوئی چیز ہاتھ نہیں لگتی اور اللہ تعالیٰ کافروں کی قوم کو (سیدھی) راہ نہیں دکھاتا۔

ان لوگوں کی مثال جو اپنا مال اللہ تعالیٰ کی رضامندی کی طلب میں دل کی خوشی اور یقین کے ساتھ خرچ کرتے ہیں اس باغ جیسی ہے جو اونچی زمین پر ہو اور زور دار بارش اس پر برسے اور وہ اپنا پھل دگنا لا دے اور اگر اس پر بارش نہ بھی برسے تو پھوار ہی کافی ہے اور اللہ تمہارے کام دیکھ رہا ہے۔

کیا تم میں سے کوئی بھی یہ چاہتا ہے کہ اس کا کھجوروں اور انگوروں کا باغ ہو، جس میں نہریں بہہ رہی ہوں اور ہر قسم کے پھل موجود ہوں، اس شخص کا بڑھاپا آگیا ہو، اس کے ننھے ننھے سے بچے بھی ہوں اور اچانک باغ کو بگولا لگ جائے جس میں آگ بھی ہو، پس وہ باغ جل جائے، اسی طرح اللہ تعالیٰ تمہارے لئے آیتیں بیان کرتا ہے تاکہ تم غور و

فکر کرو۔

اے ایمان والو! اپنی پاکیزہ کمائی میں سے اور زمین میں سے تمہارے لئے ہماری نکالی ہوئی چیزوں میں سے خرچ کرو، ان میں سے بری چیزوں کے خرچ کرنے کا قصد نہ کرنا، جسے تم خود لینے والے نہیں ہو، ہاں اگر آنکھیں بند کرلو تو اور جان لو کہ اللہ تعالیٰ بے پرواہ اور خوبیوں والا ہے۔

شیطان تمہیں فقیری سے دھمکاتا ہے اور بے حیائی کا حکم دیتا ہے، اور اللہ تعالیٰ تم سے اپنی بخشش اور فضل کا وعدہ کرتا ہے، اللہ تعالیٰ وسعت والا اور علم والا ہے۔

وہ جسے چاہے حکمت اور دانائی دیتا ہے اور جو شخص حکمت اور سمجھ دیا جائے وہ بہت ساری بھلائی دیا گیا اور نصیحت صرف عقلمند ہی حاصل کرتے ہیں تم جتنا کچھ خرچ کرو یعنی خیرات اور جو کچھ نذر مانو اسے اللہ تعالیٰ بخوبی جانتا ہے اور ظالموں کا کوئی مددگار نہیں۔

اگر تم صدقے خیرات کو ظاہر کرو تو وہ بھی اچھا ہے اور اگر تم اسے پوشیدہ مسکینوں کو دے دو تو یہ تمہارے حق میں بہتر ہے، اللہ تعالیٰ تمہارے گناہوں کو مٹا دے گا اور اللہ تعالیٰ تمہارے تمام اعمال کی خبر رکھنے والا ہے۔

انہیں ہدایت پر لا کھڑا کرنا تیرے ذمہ نہیں بلکہ ہدایت اللہ تعالیٰ دیتا ہے جسے چاہتا ہے اور تم جو بھی چیز اللہ کی راہ میں دو گے اس کا فائدہ خود پاؤ گے تمہیں صرف اللہ تعالیٰ کی رضامندی کی طلب کے لئے ہی خرچ کرنا چاہئے تم جو کچھ خرچ کرو گے اس کا پورا پورا بدلہ تمہیں دیا جائے گا اور تمہارا حق نہ مارا جائے گا۔

صدقات کے مستحق صرف وہ غربا ہیں جو اللہ کی راہ میں روک دیئے گئے، جو ملک میں چل پھر نہیں سکتے نادان لوگ ان کی بے سوالی کی وجہ سے انہیں مال دار خیال کرتے ہیں، آپ ان کے چہرے دیکھ کر قیافہ سے انہیں پہچان لیں گے وہ لوگوں سے چمٹ کر

سوال نہیں کرتے، تم جو کچھ مال خرچ کرو تو اللہ تعالیٰ اس کا جاننے والا ہے۔

جو لوگ اپنے مالوں کو رات دن چھپے کھلے خرچ کرتے ہیں ان کے لئے ان کے رب تعالیٰ کے پاس اجر ہے اور نہ انہیں خوف ہے اور نہ غمگینی۔

سود خور لوگ نہ کھڑے ہوں گے مگر اسی طرح جس طرح وہ کھڑا ہوتا ہے جسے شیطان چھو کر خبطی بنا دے یہ اس لئے کہ یہ کہا کرتے تھے کہ تجارت بھی تو سود ہی کی طرح ہے، حالانکہ اللہ تعالیٰ نے تجارت کو حلال کیا اور سود کو حرام، جو شخص اپنے پاس آئی ہوئی اللہ تعالیٰ کی نصیحت سن کر رک گیا اس کے لئے وہ ہے جو گزرا اور اس کا معاملہ اللہ تعالیٰ کی طرف ہے، اور جو پھر دوبارہ (حرام کی طرف) لوٹا، وہ جہنمی ہے، ایسے لوگ ہمیشہ ہی اس میں رہیں گے اللہ تعالیٰ سود کو مٹاتا ہے اور صدقہ کو بڑھاتا ہے اور اللہ تعالیٰ کسی ناشکرے اور گنہگار سے محبت نہیں کرتا۔

توضیح: اللہ تعالیٰ نے آیات ہٰذا میں خرچ کرنے والوں کے لئے انعامات دے کر کسی پر احسان نہ جتانا، خرچ کرنے پر اللہ تعالیٰ کی خوشنودی ملحوظ خاطر رکھنا اور اس کے بہتر ثمرات، حلال کمائی سے خرچ کرنا کرچ کرنے پر مسلسل شیطان کا بہکانا وہ غریب محتاج جو مانگنے سے شرماتے ہیں ان پر خرچ کرنا اور اس کے اجر و ثواب کی تفصیلاً وضاحت فرمادی ہے

الصبرین والصدقین والقنتین والمنفقین والمستغفرین بالاسحار (ال عمران ۱۷:۳)

ترجمہ: جو صبر کرنے والے اور سچ بولنے والے اور فرمانبرداری کرنے والے اور اللہ کی راہ میں خرچ کرنے والے اور پچھلی رات کو بخشش مانگنے والے ہیں۔

توضیح: اللہ تعالیٰ نے آیت ہٰذا میں متقین و پرہیزگار کی صفات میں ایک اہم صفت اللہ کی راہ میں خرچ کرنے والے کی بیان فرمائی ہے جو یہ صفت سے کورا ہوگا وہ متقی،

پرہیز گار نہیں ہے چاہے اس کا وضع قطع کتنا ہی اچھا کیوں نہ ہو۔

لن تنالوا البر حتیٰ تنفقوا مما تحبون وما تنفقوا من شی فان اللہ بہٖ علیم (ال عمران ۹۲:۳)

ترجمہ: جب تک تم اپنی پسندیدہ چیز سے اللہ تعالیٰ کی راہ میں خرچ نہ کروگے ہرگز بھلائی نہ پاؤگے، اور تم جو خرچ کرو اسے اللہ تعالیٰ بخوبی جانتا ہے۔

توضیح: وہ اشیاء جو ہمیں محبوب ومرغوب اور پسندیدہ ہوں وہی اللہ کے راستہ پر خرچ کرنا ہے یہ نہیں کہ غلہ خراب ہو گیا تو دینے لگے کھانے میں بدبو آنے لگی باسا کھانا دینے لگے کپڑے پرانے پھٹنے لگے تو دینے لگے یہ اللہ تعالیٰ کو پسند نہیں ہے۔

جب یہ آیت نازل ہوئی تو حضرت ابو طلحہ انصاریؓ رسالت مآب ﷺ کی خدمت میں حاضر ہو کر عرض کرتے ہیں کہ اے اللہ کے رسول ﷺ میرے باغ میں مجھے سب سے زیادہ پسندیدہ باغ بیرحاع کا باغ ہے اس لئے میں اس باغ کو اللہ تعالیٰ کے لئے وقف کرتا ہوں آپ ﷺ نے ارشاد فرمایا کہ بات ٹھیک ہے اور اچھا مال ہے مگر میں تمہیں بتا دوں کہ یہ بہترین باغ اپنے اقرباء، رشتہ داروں میں تقسیم کر دو لہٰذا حضرت ابو طلحہ انصاریؓ نے اس اچھے باغ کو اپنے رشتہ داروں کے لئے وقف کر دیا سبحان اللہ کیا تعلیم تھی ادھر انہیں بھی اجر وثواب ملے اور اقرباء بھی محروم نہ رہیں اور یہ انمول نمونے آنے والے لوگوں کے لئے لائق عبرت ہو مگر آج حالات حاضرہ پر نظر دوڑائیں تو معلوم ہوتا ہے کہ سب سے پہلے امیر لوگ اپنے اقرباء، رشتہ داروں کو ہی بھول جاتے ہیں۔

الذین ینفقون فی السرآء والضرآءِ والکٰظمین الغیظ والعافین عن الناس واللہ یحب المحسنین (ال عمران ۱۳۴:۳ سے ۱۳۶)

ترجمہ: جو لوگ آسانی میں سختی کے موقعہ پر بھی اللہ کے راستے میں خرچ کرتے ہیں، غصہ پینے والے اور لوگوں سے درگزر کرنے والے ہیں، اللہ تعالیٰ ان نیک کاروں سے

محبت کرتا ہے۔

جب ان سے کوئی ناشائستہ کام ہو جائے یا کوئی گناہ کر بیٹھیں تو فوراً اللہ کا ذکر اور اپنے گناہوں کے لیے استغفار کرتے ہیں، فی الواقع اللہ تعالیٰ کے سوا اور کون گناہوں کو بخش سکتا ہے؟ اور وہ لوگ باوجود علم کے کسی برے کام پر اڑ نہیں جاتے۔

انہیں کا بدلہ ان کے رب کی طرف سے مغفرت ہے اور جنتیں ہیں جن کے نیچے نہریں بہتی ہیں، جن میں وہ ہمیشہ رہیں گے، ان نیک کاموں کے کرنے والوں کا ثواب کیا ہی اچھا ہے۔

توضیح: اللہ تعالیٰ جن بندوں سے محبت رکھتا ہے ان کی صفات بیان کی گئی ہیں ان مبارک ہستیوں میں وہ لوگ بھی شامل ہیں جو خوش حالی ہی میں نہیں بلکہ تنگ دستی کے موقع پر بھی خرچ کرتے ہیں ہر موقع پر وہ خرچ کرتے رہتے ہیں۔

یایھا الذین امنوا ان کثیرا من الاحبار والرھبان لیاکلون اموال الناس بالباطل ویصدون عن سبیل اللہ والذین یکنزون الذھب والفضۃ ولا ینفقونھا فی سبیل اللہ فبشرھم بعذاب الیم (التوبہ ۹:۳۴،۳۵)

ترجمہ: اے ایمان والو! اکثر علما اور عابد، لوگوں کا مال ناحق کھا جاتے ہیں اور اللہ کی راہ سے روک دیتے ہیں اور جو لوگ سونے چاندی کا خزانہ رکھتے ہیں اور اللہ کی راہ میں خرچ نہیں کرتے، انہیں دردناک عذاب کی خبر پہنچا دیجئے جس دن اس خزانے کو آتش دوزخ میں تپایا جائے گا پھر اس سے ان کی پیشانیاں اور پہلو اور پیٹھیں داغی جائیں گی (ان سے کہا جائے گا) یہ ہے جسے تم نے اپنے لیے خزانہ بنا کر رکھا تھا پس اپنے خزانوں کا مزہ چکھو۔

توضیح: اللہ تعالیٰ آیت ہٰذا میں ان لوگوں کی نشاندہی فرمائی ہے جو لوگوں کا مال باطل طریقہ سے طرح کھاتے ہیں جیسے آج کے دور میں مکار پیر و مرشد بن کر مریدوں کو بے

وقوف بنا کر ان کا مال باطل طریقے سے کھاتے ہیں آج کا خانقاہی نظام بھی وہی ہے اس کے بعد ان لوگوں کا ذکر ہے جو اپنا مال ذخیرہ کر کے رکھتے ہیں اور خرچ نہیں کرتے سخت وعید سنائی گئی ہے۔

والذین اذا انفقوا لم یسرفوا ولم یقتروا وکان بین ذلک قواما (الفرقان ۲۵:۶۷)

ترجمہ: اور جو خرچ کرتے وقت بھی نہ تو اسراف کرتے ہیں نہ بخیلی، بلکہ ان دونوں کے درمیان معتدل طریقے پر خرچ کرتے ہیں۔

توضیح: اللہ تعالیٰ نے آیت ہٰذا میں ان لوگوں کی مثال بیان فرمائی ہے جو اپنے اموال خرچ کرنے میں فضولیات سے کام نہیں لیتے بلکہ اس کے فضل کو جائز کاموں میں خرچ کرتے ہیں اسراف یہ ہے کہ شریعت کے خلاف کاموں پر خرچ کئے جائیں اور فی سبیل اللہ خرچ میں بخیلی فی سبیل اللہ خرچ میں بھی میانہ روی کو اختیار کرنا چاہیے۔

فات ذا القربیٰ حقہ والمسکین وابن السبیل ذلک خیر للذین یریدون وجہ اللہ واولئک ھم المفلحون وما اتیتم من ربا لیربوا فی اموال الناس فلا یربوا عند اللہ وما اتیتم من زکوٰۃ تریدون وجہ اللہ فاولئک ھم المضعفون (الروم ۳۰:۳۸ سے ۴۰)

ترجمہ: پس قرابت دار کو مسکین کو مسافر کو ہر ایک کو اس کا حق دیجئے، یہ ان کے لیے بہتر ہے جو اللہ تعالیٰ نہ دیکھنا چاہتے ہوں، ایسے ہی لوگ نجات پانے والے ہیں تم جو سود پر دیتے ہو کہ لوگوں کے مال میں بڑھتا رہے وہ اللہ تعالیٰ کے ہاں نہیں بڑھتا اور جو کچھ صدقہ، زکوٰۃ تم اللہ تعالیٰ کا منہ دیکھنے (اور خوشنودی کے لیے) دو تو ایسے لوگ ہی ہیں اپنا دوچند کرنے والے ہیں۔

اللہ تعالیٰ وہ ہے جس نے تمہیں پیدا کیا پھر روزی دی پھر مار ڈالے گا پھر زندہ کر دے گا بتاؤ تمہارے شریکوں میں سے کوئی بھی ایسا ہے جو ان میں سے کچھ بھی کر سکتا ہو

اللہ تعالیٰ کے لیے پاکی اور برتری ہے ہر اس شریک سے جو یہ لوگ مقرر کرتے ہیں۔

توضیح: اللہ تعالیٰ نے قرابت داروں اور مسکینوں اور مسافروں پر خرچ کرنے کا حکم دیا ہے اور ساتھ میں شرط رکھ دی ہے کہ یہ کام کا مقصد صرف خوشنودی الٰہی ہو ایسے ہی لوگوں کے لئے نجات اخروی ہے اس کے بعد سودی لین دین کی مذمت اور اس کے نقصانات بیان فرمائے اور صدقہ خیرات کے فوائد جو قیامت کے دن اجر کے انبار لگے ہوں گے سبحان اللہ۔

قل ان ربی یبسط الرزق لمن یشاء من عبادہٖ ویقدر لہٗ وما انفقتم شی فھو یخلفہٗ وھو خیر الرزقین (سبا۳۹:۳۴)

ترجمہ: کہہ دیجئے! کہ میرا رب اپنے بندوں میں جس کے لیے چاہے روزی کشادہ کرتا ہے اور جس کے لیے چاہے تنگ کر دیتا ہے، تم جو کچھ بھی اللہ کی راہ میں خرچ کروگے اللہ اس کا (پورا پورا) بدلہ دے گا اور وہ سب سے بہتر روزی دینے والا ہے

توضیح: اللہ تعالیٰ نے اس آیت میں اپنی قدرت کا اظہار فرمایا کہ ساری مخلوق کو ہم ہی روزی دیتے ہیں سب ہمارے در کے محتاج ہیں لہٰذا اغنیاء کو چاہئے کہ وہ غرباء کا خیال کرتے رہیں فی سبیل اللہ خرچ کرتے رہیں جو خرچ کرے گا وہ اپنے ہی لئے کرے گا وہ اللہ کے بندوں پر خرچ کرے گا تو اللہ تعالیٰ اس کو اور بھی زیادہ دے گا جو وہی سب سے بہتر روزی دینے والا ہے

یا ایھا الذین امنوا لا تلھکم اموالکم ولا اولادکم عن ذکر اللہ ومن یفعل ذلک فاولئک ھم الخسرون (المنفقون ۹:۶۳ سے ۱۱)

ترجمہ: اے مسلمانوں! تمہارے مال اور تمہاری اولاد تمہیں اللہ کے ذکر سے غافل نہ کر دیں اور جو ایسا کریں وہ بڑے ہی زیاں کار لوگ ہیں اور جو کچھ ہم نے تمہیں دے

رکھا ہے اس میں سے (ہماری راہ میں) اس سے پہلے خرچ کرو کہ تم میں سے کسی کو موت آ جائے تو کہنے لگے اے میرے پروردگار! مجھے تو تھوڑی دیر کی مہلت کیوں نہیں دیتا؟ کہ میں صدقہ کروں اور نیک لوگوں میں سے ہو جاؤں اور جب کسی کا مقررہ وقت آجاتا ہے پھر اسے اللہ تعالیٰ ہرگز مہلت نہیں دیتا اور جو کچھ تم کرتے ہو اس سے اللہ تعالیٰ بخوبی باخبر ہے

توضیح : انسان کو مال اور اولاد سے سب سے زیادہ محبت ہوتی ہے اس لئے اللہ نے مسلمانوں کو تاکید فرمائی کہ ان کی محبت میں کہیں تم اللہ کے ذکر سے غافل نہ ہو جاؤ اور ہم کو بھول جاؤ ہمارے دیئے ہوئے سے خرچ کرنا چھوڑ دو خبر دار جو ایسا کرے گا وہی خسارہ اٹھائے گا موت سب کو آنا ہے اس لئے موت کے آنے سے پہلے خرچ کرکے آخرت کے لئے ذخیرہ کرلو۔

*****

پانچواں باب
بخل

ولا یحسبن الذین یبخلون بما اتھم اللہ من فضلہ ھو خیراً لھم بل ھو شر لھم سیطوقون مابخلو بہ یوم القیمۃ وللہ میر اث السموت والارض واللہ بما تعملون خبیر

(ال عمران ۱۸۰:۳ سے ۱۸۲)

ترجمہ : جنھیں اللہ تعالیٰ نے اپنے فضل سے جو کچھ دے رکھا ہے وہ اس میں اپنی کنجوسی کو اپنے لئے بہتر خیال نہ کریں بلکہ وہ ان کے لئے نہایت بدتر ہے، عنقریب قیامت والے دن یہ اپنی کنجوسی کی چیز کے طوق ڈالے جائیں گے ، آسمانوں اور زمین کی میراث اللہ تعالیٰ ہی کے لئے اور جو کچھ تم کر رہے ہو، اس سے اللہ تعالیٰ آگاہ ہے یقیناً اللہ تعالیٰ نے ان لوگوں کا قول بھی سنا جنھوں نے کہا کہ اللہ تعالیٰ فقیر ہے اور ہم تونگر ہیں ان کے اس قول کو ہم لکھ لیں گے اور ان کا انبیا کو بے درجہ قتل کرنا بھی، اور ہم ان سے کہیں گے کہ جلنے والا عذاب چکھو!

توضیح: اللہ تعالیٰ نے اس آیت میں بخیل کا بیان کیا ہے جو اللہ کے دیئے ہوئے مال کو اللہ کی راہ میں خرچ نہیں کرتا حتیٰ کہ اس میں سے فرض زکوٰۃ بھی نہیں نکالتا حدیث میں ہے کہ قیامت والے دن اس کے مال کو ایک زہریلا اور نہایت خوفناک سانپ بنا کر طوق کی طرح اس کے گلے میں ڈال دیا جائے گا، وہ سانپ اس کی باچھیں پکڑے گا اور کہے گا

کہ میں تیرا مال ہوں، میں تیرا خزانہ ہوں (صحیح بخاری)

جب اللہ تعالیٰ نے اہل ایمان کو اللہ کی راہ میں خرچ کرنے کی ترغیب دی اور فرمایا: من ذاالذی یقرض اللہ قرضا حسنا (البقرۃ:۲۴۵) "کون ہے جو اللہ کو قرض حسنہ دے" تو یہود نے کہا اے محمد (ﷺ)! تیرا رب فقیر ہو گیا ہے کہ اپنے بندوں سے قرض مانگ رہا ہے؟ جس پر اللہ تعالیٰ نے یہ آیت نازل فرمائی (ابن کثیر)

واعبدواللہ ولا تشرکوا بہ شیاوبالوالدین احسانا الذین یبخلون ویامرون الناس بالبخل ویکتمون ما اٰتھم للہ من فضلہٖ واعتدنا للکفرین عذابا مھینا

(النسآء ۳۶ ۳۷:۴)

ترجمہ: اور اللہ کی عبادت کرو اور اس کے ساتھ کسی کو شریک نہ کرو اور ماں باپ کے ساتھ حسن سلوک کرو اور رشتہ داروں سے اور یتیموں سے اور مسکینوں سے اور قرابت دار ہمسایہ سے اور اجنبی ہمسایہ سے اور پہلوے کے ساتھی سے اور راہ کے مسافر سے اور ان سے جن کے مالک تمہارے ہاتھ ہیں (غلام کنیز) یقیناً اللہ تعالیٰ تکبر کرنے والوں اور شیخی خوروں کو پسند نہیں فرماتا جو لوگ خود بخیلی کرتے ہیں اور دوسروں کو بھی بخیلی کرنے کو کہتے ہیں اور اللہ تعالیٰ نے جو اپنا فضل انہیں دے رکھا ہے اسے چھپا لیتے ہیں ہم نے ان کافروں کے لئے ذلت کی مار تیار کر رکھی ہے

توضیح: اللہ تعالیٰ نے مذکورہ آیات میں حقوق العباد کو بیان فرمایا ہے اس کے بعد بخل کرنے والوں اور بخل پر ابھارنے والوں کی مذمت اور پھر فرمایا کہ ہمارے دیئے ہوئے کو چھپاتے ہیں یعنی کنھڑی اوڑھ کر گھی کھانے والے بخیلوں و کنجوسوں کو کافرین کے زمرے میں شامل کیا گیا ہے فرمایا ہم نے کافروں کے لئے ذلت کی مار تیار کر رکھی ہے العیاذ باللہ

ومنھم من عھد اللہ لئن اتانا من فضلہٖ لنصدقن ولنکونن من الصلحین فلما اتھم من

بخلوا بہ وتولوا وھم معرضون (التوبہ ۷۷۔۷۶۔۷۵:۹)

ترجمہ: ان میں وہ بھی ہیں جنھوں نے اللہ سے عہد کیا تھا کہ اگر وہ ہمیں اپنے فضل سے مال دے گا تو ہم ضرور صدقہ وخیرات کریں گے اور پکی طرح نیکوکاروں میں ہو جائیں گے لیکن جب اللہ نے اپنے فضل سے انھیں دیا تو وہ اس میں بخیلی کرنے لگے اور ٹال مٹول کر کے منہ موڑ لیا پس اس کی سزا میں اللہ نے ان کے دلوں میں نفاق ڈال دیا اللہ سے ملنے کے دنوں تک کیونکہ انھوں نے اللہ سے کیے ہوئے وعدے کا خلاف کیا اور کیوں کہ جھوٹ بولتے رہے

توضیح: مدینہ کے کچھ منافقین کچھ ایسی ہی تمنا لئے ہوئے تھے جب ان کی یہ تمنا پوری ہو گئی تو پھر اس سے مکر گئے اور بخل کا رویہ اختیار کر لئے اللہ تعالیٰ کو ان کی یہ روش ناگوار گزری ان کی یہ حرکت کے مذمت میں یہ آیات نازل ہوئیں معلوم ہوا کہ بخل کنجوسی کنھڑی اوڑھ کر گھی کھانے والے منافق ہیں یہ امیر لوگ حاجی، نمازی، صوفی تو نظر آئیں گے مگر جب کس ضرورت مندوں کو ان کے پاس بھیجیں تو پھر دیکھو کیسے یہ اپنا بخیلی کا پینترا بدلتے ہیں ایسے لوگوں کو آیات مذکورہ سے نصیحت پکڑنا چاہیے

بخل قارون

ان قارون کان من قوم موسیٰ فبغیٰ علیھم واتینٰہ وابتغ فیما اتٰک اللہ الدار الاخرۃ ولاتنس نصیبک من الدنیا واحسن کما احسن اللہ الیک ولاتبغ الفساد فی الارض ان اللہ لایحب المفسدین (القصص ۷۷۔۷۶:۲۸)

ترجمہ: اور جو کچھ اللہ تعالیٰ نے تجھے دے رکھا ہے اس میں سے آخرت کے گھر کی

تلاش بھی رکھ اور اپنے دنیوی حصے کو بھی نہ بھول اور جیسے کہ اللہ نے تیرے ساتھ احسان کیا ہے تو بھی اچھا سلوک کر اور ملک میں فساد کا خواہاں نہ ہو، یقین مان کہ اللہ مفسدوں کو ناپسند رکھتا ہے

قارون نے کہا یہ سب کچھ مجھے میری اپنی سمجھ کی بنا پر ہی دیا گیا ہے، کیا اسے اب تک یہ نہیں معلوم کہ اللہ تعالیٰ نے اس سے پہلے بہت سے بستی والوں کو غارت کر دیا جو اس سے بہت زیادہ قوت والے اور بہت بڑی جمع پونجی والے تھے اور گنہگاروں سے ان کے گناہوں کی باز پرس ایسے وقت نہیں کی جاتی پس قارون پوری آرائش کے ساتھ اپنی قوم کے مجمع میں نکلا، تو دنیاوی زندگی کے متوالے کہنے لگے کاش کہ ہمیں بھی کسی طرح وہ مل جاتا جو قارون کو دیا گیا ہے، یہ تو بڑا ہی قسمت کا دھنی ہے

ذی علم لوگ انھیں سمجھانے لگے کہ افسوس! بہتر چیز تو وہ ہے جو بطور ثواب نہیں ملے گی جو اللہ پر ایمان لائیں اور نیک عمل کریں یہ بات انہی کے دل میں ڈالی جاتی ہے جو صبر و سہار والے ہوں

(آخر کار) ہم نے اسے اس کے محل سمیت زمین میں دھنسا دیا اور اللہ کے سوا کوئی جماعت اس کی مدد کے لیے تیار نہ ہوئی نہ وہ خود اپنے بچانے والوں میں سے ہو سکا اور جو لوگ کل اس کے مرتبہ پر پہنچنے کی آرزو مندیاں کر رہے تھے وہ آج کہنے لگے کہ کیا تم نہیں دیکھتے کہ اللہ تعالیٰ ہی اپنے بندوں میں سے جس کے لیے چاہے روزی کشادہ کر دیتا ہے اور تنگ بھی؟ اگر اللہ تعالیٰ ہم پر فضل نہ کرتا تو ہمیں بھی دھنسا دیتا، کیا دیکھتے نہیں ہو کہ ناشکروں کو کبھی کامیابی نہیں ہوتی؟

آخرت کا یہ بھلا گھر ہم ان ہی کے لیے مقرر کر دیتے ہیں جو زمین میں اونچائی بڑائی اور فخر نہیں کرتے نہ فساد کی چاہت رکھتے ہیں پرہیزگاروں کے لیے نہایت ہی عمدہ انجام

ہے جو شخص نیکی لائے گا اسے اس سے بہتر ملے گا، اور جو برائی لے کر آئے گا تو ایسے بد اعمالی کرنے والوں کو ان کے انھی اعمال کا بدلہ دیا جائے گا جو وہ کرتے تھے

توضیح: قارون کے بخل کے تعلق سے مذکورہ آیات میں بالتفصیل بات سمجھ آجاتی ہے اتنے خزانوں کا مالک ہونے کے باوجود وہ بے انتہا بخیل تھا آخر کار اس کا برا انجام ہوا وہ اور اس کا خزانہ زمین میں دھنسا دیا گیا یہ ایک عبرت ہے عقلمندوں کے لئے آج کے دولت مند امیر بخل و کنجوسی سے بچیں ورنہ قارون کے ساتھ ان کا انجام ہو گا

ھانتم ھولاءِ تدعون لتنفقوا فی سبیل اللہ فمنکم من یبخل ومن یبخل فانما یبخل عن نفسہٖ واللہ الغنی وانتم الفقراء وان تتولوا یستبدل قوما غیرکم ثم لایکونوا امثالکم (سورۃ محمد ﷺ ۴۷:۳۸)

ترجمہ: خبردار! تم وہ لوگ ہو کہ اللہ کی راہ میں خرچ کرنے کے لیے بلائے جاتے ہو، تو تم میں سے بعض بخیلی کرنے لگتے ہیں اور جو بخل کرتا ہے وہ تو دراصل اپنی جان سے بخیلی کرتا ہے اللہ تعالیٰ غنی ہے اور تم فقیر (اور محتاج) ہو اور اگر تم روگردان ہو جاؤ تو وہ تمہارے بدلے تمہارے سوا اور لوگوں کو لائے گا جو پھر تم جیسے نہ ہوں گے

توضیح: اس سورت میں منافقین کا ذکر ہے جنھوں نے کفر کو ظاہر کیا اور پھر اس آخری آیت میں ان کی بخیلی کا خصوصی ذکر موجود ہے جس سے معلوم ہوتا ہے کہ بخل منافقین کی ایک بڑی خصلت تھی اس بری خصلت کو اللہ تعالیٰ مومنین کے لئے نصیحت کے طور سے واضح کیا تاکہ مومنین اس سے بچ جائیں اور اپنی عاقبت سنوار لیں ورنہ اللہ تعالیٰ ایسا بے نیاز ہے کہ تم دو یا نہ دو اس کی کبریائی میں ذرہ برابر فرق پڑنے والا نہیں ہے ہر نفس اپنے ہی لئے کرے گا

لکیلا تاسوا علیٰ مافاتکم ولا تفرحوا بما اتکم واللہ لایحب کل مختال فخور الذین یبخلون

ویامرون باالبخل ومن یتول فان اللہ ھوالغنی الحمید (الحدید ۲۳،۲۴:۵۷)

ترجمہ: تاکہ تم اپنے سے فوت شدہ کسی چیز پر رنجیدہ نہ ہو جایا کرو اور عطا کردہ چیز پر اترا جاؤ اور اترانے والے شیخی خوروں کو اللہ پسند نہیں فرماتا

جو(خود بھی) بخل کریں اور دوسروں کو (بھی) بخل کی تعلیم دیں سنو!جو بھی منہ پھیرے اللہ بے نیاز اور بڑی تعریف والا ہے

توضیح: مال اللہ تعالیٰ کی دی ہوئی ایک امانت ہے بسا اوقات اگر وہ ضائع ہو جائے تو واویلا نہ کرو بلکہ صبر کرو اور اللہ کے جانب رجوع ہو جاؤ توبہ کرو کیوں کہ اس سے پہلے اللہ نے تم کو بے حساب دیا تھا مگر تم نے غرور و تکبر کیا اور اس کی سرزمین میں اترانے لگے اور بخیلی و کنجوسی کا جامہ پہن لیا خود تو بخیل تھے مگر دوسروں کو بھی بخل پر اکساتے تھے آج تم نے اس کا انجام دیکھ لیا اللہ کی ذات بے نیاز ہے وہ لائق حمد و ثنا ہے لہٰذا اسی سے لو لگاؤ فیاضی اختیار کرو بخل سے بچ جاؤ

والذین تبو والدار والایمان من قبلھم یحبون من ھاجر الیھم ولا یجدون فی صدورھم حاجۃ مما اوتوا ویوثرون علی انفسھم ولوکان بھم خصاصۃ ومن یوق شح نفسہ فاولئک ھم المفلحون (الحشر ۹:۵۹)

ترجمہ: اور (ان کے لیے) جنھوں نے اس گھر میں (یعنی مدینہ) اور ایمان میں ان سے پہلے جگہ بنالی ہے اور اپنی طرف ہجرت کر کے آنے والوں سے محبت کرتے ہیں اور مہاجرین کو جو کچھ دے دیا جائے اس سے وہ اپنے دلوں میں کوئی تنگی نہیں رکھتے بلکہ خود اپنے اوپر انہیں ترجیح دیتے ہیں گرچہ خود کو کتنی ہی سخت حاجت ہو اور جو بھی اپنے نفس کو بخل سے بچایا گیا وہی کامیاب ہے

توضیح: دوران جہاد جو بھی مال حاصل ہو اس میں بھی مہاجروں و مسکینوں، خانہ

بدوشوں کو دینا ہے، ہر میدان میں خرچ کا حکم دیا گیا ہے ایک مثال ایثار عظیم کی جو اس آیت کا شان نزول بھی ہے ملاحظہ ہو

رحمۃ اللعلمین ﷺ کے گھر ایک مہمان وارد ہوئے لیکن آپؐ کے گھر کچھ بھی نہ تھا اس مہمان رسولؐ کو حضرت ابو طلحہ انصاریؓ نے اپنے گھر لے کر گئے مگر ان کے گھر میں بھی سوائے بچوں کے حصہ کے اور کچھ نہ تھا آپؓ نے بیوی کو حکم دیا آج بچوں کو پھسلا کر بہلا کر سلا دو اور مہمان رسولؐ کو کھانا کھلاؤ تو ایسا ہی کیا گیا بچے اور خود میاںؓ، بیویؓ بھی بھوکے رہے مگر مہمان کو کھانا کھلایا گیا یہ عمل اللہ تعالیٰ کو بہت پسند آیا اور آیت مذکورہ "ویوثرون علیٰ انفسھم" حضرت ابو طلحہ انصاریؓ کے عظیم ایثار پر خوش ہو کر اللہ تعالیٰ نے نازل فرمائی رحمۃ اللعلمین ﷺ نے حضرت ابو طلحہ انصاریؓ کو پڑھ کر سنائی اور فرمایا کہ یہ آیت دونوں میاں بیوی کے حق میں نازل فرمائی سبحان اللہ یہ ہے فیاضی کا ثمرہ پھر آخر میں بخل سے روکا گیا ہے

انما اموالکم واولادکم فتنۃ واللہ عندہ اجر عظیم فاتقوا اللہ ما استطعتم واسمعوا واطیعوا وانفقوا خیرا لانفسکم ومن یوق شح نفسہ فاولئک ھم المفلحون (التغابن ۱۵،۱۶،۱۷: ۶۴)

ترجمہ: تمہارے مال اور اولاد تو سراسر تمہاری آزمائش ہیں اور بہت بڑا اجر اللہ کے پاس ہے پس جہاں تک تم سے ہو سکے اللہ سے ڈرتے رہو اور سنتے اور مانتے چلے جاؤ اور اللہ کی راہ میں خیرات کرتے رہو جو تمہارے لیے بہتر ہے اور جو شخص اپنے نفس کی حرص سے محفوظ رکھا جائے وہی کامیاب ہے

اگر تم اللہ کو اچھا قرض دو گے (یعنی اس کی راہ میں خرچ کرو گے) تو وہ اسے تمہارے لیے بڑھاتا جائے گا اور تمہارے گناہ بھی معاف فرما دے گا اللہ بڑا قدردان بڑا

بردبار ہے

توضیح: بخل کی مذمت میں کتنی زبردست آیات ہیں بے شک مال و دولت اللہ کا فضل وانعام ہیں جو بطور آزمائش اللہ ہمیں عطا فرماتا ہے، بہت سے لوگ اس فضل وانعام کو بے دریغ معصیت ونافرمانی وگناہوں کے کام میں خرچ کرتے ہیں چونکہ شیطان ان کی حوصلہ افزائی کرتا ہے یہ لوگ شیطان کی بات پر عمل کرتے ہیں انہیں کا انجام دنیا و آخرت میں بہت برا ہونے والا ہے اس کے برعکس اللہ کے وہ سعادت مند بندے جو اس کے فضل و انعام کو اللہ کی دی ہوئی امانت سمجھتے ہیں اور بخیلی نہیں کرتے ایسے لوگوں کے لیے اللہ نے بشارت عظمیٰ کی خبر دی ہے جو دونوں جہاں سعادت مندی ہے

باغ والوں کے بخل کا انجام

اللہ رب العلمین کسی پر ظلم نہیں کرتا بلکہ انسان خود اپنے نفس پر ظلم کرتا ہے سرکشی وطغیانی اور فساد فی الارض اس کا وطیرہ بن چکا ہوتا ہے اس وقت اپنے آپ کو اور اپنی اصلیت کو وہ بھول چکا ہوتا ہے اور تکبر کا راستہ اختیار کرلیتا ہے اور اللہ تعالیٰ اسے طویل مہلت بھی دیتا ہے کہ میرا بندہ شاید توبہ کرلے مگر؟ رحمۃ اللعلمین رسول اکرم ﷺ نے ارشاد فرمایا کہ: "ہر قوم کے لئے ایک آزمائش ہے اور میری امت کے لئے آزمائش (فتنہ) مال ہے" (ترمذی) مگر اکثریت اس آزمائش میں مبتلا ہو جاتی ہے ایسا ہی ایک باغ والوں کا قصہ قرآن مجید میں بیان کیا گیا ہے اللہ تعالیٰ نے ارشاد فرمایا:

ان بلونھم کما بلونا اصحب الجنۃ اذا قسمو الیصر منھا مصبحین ولا یستثنون فطاف علیھا طآئف من ربک وھم نآئمون (الآیات)

"بے شک ہم نے انھیں اسی طرح آزمالیا جس طرح ہم نے باغ والوں کو آزمایا تھا

جبکہ انھوں نے قسمیں کھائیں کہ صبح ہوتے ہی اس باغ کے پھل اتار لیں گے اور ان شاء اللہ نہیں کہا، پس اس پر تیرے رب کی جانب سے ایک بلا (باغ کے) چاروں طرف سے (عذاب الٰہی) گھوم گئی اور یہ سو ہی رہے تھے پس وہ باغ ایسا ہو گیا جیسے کٹی ہوئی کھیتی" (سورۃ القلم ۶۸:۱۷ سے ۳۳! آیات تک پورا قصہ ہے)

توضیح: "بے شک ہم نے انھیں اسی طرح آزمالیا" سے مراد مکہ کے کفار ہیں جو کفر اور تکبر کرتے تھے اللہ نے انھیں مال و دولت سے نوازا تھا کہ وہ شکر کریں اور کفر و استکبار سے بچتے رہیں مگر کفار مکہ اپنے اس رویے سے باز نہیں آئے تو اللہ نے انہیں بھوک فقر و فاقہ اور قحط سالی میں مبتلا کر دیا تھا اسی مثال کو اللہ تعالیٰ نے یہاں بیان فرمایا، باغ والوں کا قصہ عربوں میں بہت مشہور تھا (جس طرح اصحاب الفیل ہاتھی والوں کا قصہ مشہور تھا) یہ باغ صنعاء یمن سے دو فرسخ کے فاصلے پر تھا اس ملک میں ایک بڑا امیر شخص تھا جس کا ایک عظیم باغ اپنی الگ پہچان رکھتا تھا اس کا مالک دیانت دار صالح نیک بخت و فیاض سخی جو غرباء و مساکین پر خلوص نیت سے خرچ کیا کرتا تھا اس کی سخاوت بڑی مشہور تھی غربا و نادار لوگ دعائیں کرتے رہتے تھے اور انتظار کرتے کہ فصل تیار ہو اور ہمیں اپنا حق ملے، اللہ نے اس کی خلوص نیت و سخاوت کی وجہ سے اس کے باغ میں بے انتہا برکت دے رکھی تھی، ان کے انتقال کے بعد اس کے بیٹے وارث ہوئے تو انھوں نے کہا کہ ہمارا باپ تو بڑا ناسمجھ تھا جو خواہ مخواہ اپنی دولت کا بڑا حصہ یتیم و مساکین پر لٹاتا رہتا تھا ابھی تو ہمارے ہی اخراجات بمشکل پورے ہو رہے ہیں ہم اس آمدنی میں سے کس طرح یتیم و مساکین و سائلین کو دیں؟ آگے اٹھارویں آیات سے اللہ تعالیٰ نے ان کے اس کرتوت کو تذکرہ اس طرح فرمایا:

"اب صبح ہوتے ہی انھوں نے ایک دوسرے کو آواز دیں (یعنی جب باغ کی فصل

تیار ہو گئی) کہ اگر تمہیں پھل اتارنے ہیں تو اپنی کھیتی پر سویرے ہی سویرے چل پڑو وہ پھر یہ سب چپکے چپکے یہ باتیں کرتے ہوئے چلے کہ آج کے دن کوئی مسکین تمہارے پاس ہر گزنہ آئے اور لپکے ہوئے صبح صبح ہی (باغ میں) پہنچ گئے سمجھ رہے تھے کہ ہم قابو پا گئے جب انھوں نے باغ کو دیکھا (جو عذاب الٰہی میں برباد ہو چکا تھا) تو کہنے لگے یقیناً ہم راستہ بھول گئے (تباہ شدہ باغ کو پہچان ہی نہ سکے) نہیں نہیں بلکہ ہماری قسمت پھوٹ گئی"(القلم:۱۷ الخ)

اپنی اس تدبیر پر انہیں غرور تھا اور اس خوشی میں پھولے ہوئے تھے یہاں تک کہ اللہ تعالیٰ کو بھول ان شاء اللہ تک کسی کی زبان سے نہ نکلا اس لئے ان کی یہ قسم پوری نہ ہوئی رات ہی رات میں ان کے باغ میں کھیتی میں پہنچنے سے پہلے ہی آسمانی آفت نے سارے باغ کو جلا کر خاکستر کر دیا ایسا ہو گیا جیسے سیاہ رات اور کٹی ہوئی کھیتی اسی لئے رحمۃ اللعلمین نبی اکرم ﷺ نے ارشاد فرمایا کہ لوگو! گناہوں سے بچو، گناہوں کی شامت کی وجہ سے انسان اس روزی سے بھی محروم کر دیا جاتا ہے جو اس کے لئے تیار کر دی گئی ہے پھر ان آیتوں کی تلاوت فرمائی کہ یہ لوگ بہ سبب اپنے گناہوں کے اپنے باغ کے پھل اور اس کی پیداوار سے بے نصیب کر دیئے گئے (تفسیر ابن کثیر فتح القدیر احسن البیان وغیر ہم سورۃ القلم آیات مذکورہ)

یہ تھا بخل و کنجوسی کا انجام اگر اولاد باپ کی طرح فیاض و سخی ہوتے تو یقیناً انجام بہتر ہوتا (ماخوذ میری پہلی تصنیف "انشاء اللہ اور مشیت الٰہی"، ص:۸۰ سے ۸۲ تک)

بسم اللہ الرحمن الرحیم

والیل اذا یغشٰی والنھار اذا تجلّی وصدق بالحسنی فسنیسرہ للیسریٰ واما من بخل واستغنی

(الیل ا:۹۲ سے آخر تک)

ترجمہ: شروع کرتا ہوں اللہ تعالیٰ کے نام سے جو بڑا مہربان نہایت رحم والا ہے

قسم ہے رات کی جب چھا جائے اور قسم ہے دن کی جب روشن ہو اور قسم ہے اس ذات کی جس نے نر و مادہ کو پیدا کیا یقیناً تمہاری کوشش مختلف قسم کی ہے جس نے دیا (اللہ کی راہ میں) اور ڈرا (اپنے رب سے) اور نیک بات کی تصدیق کرتا رہے گا تو ہم بھی اس کو آسان راستے کی سہولت دیں گے لیکن جس نے بخیلی کی اور بے پرواہی برتی اور نیک بات کی تکذیب کی تو ہم بھی اس کی تنگی و مشکل کے سامان میسر کر دیں گے اس کا مال اسے (اوندھا) گرنے کے وقت کچھ کام نہ آئے گا بیشک راہ دکھا دینا ہمارے ذمہ ہے اور ہمارے ہی ہاتھ آخرت اور دنیا ہے میں نے تو تمہیں شعلے مارتی ہوئی آگ سے ڈرا دیا ہے جس میں صرف وہی بدبخت داخل ہو گا جس نے جھٹلایا اور (اس کی پیروی سے) منہ پھیر لیا اور اس سے ایسا شخص دور رکھا جائے گا جو بڑا پرہیز گار ہو گا جو پاکی حاصل کرنے کے لیے اپنا مال دیتا ہے کسی کا اس پر کوئی احسان نہیں کہ جس کا بدلہ دیا جا رہا ہو بلکہ صرف اپنے پروردگار بزرگ و بلند کی رضا چاہنے کے لیے

توضیح: اللہ تعالیٰ نے اس پوری سورہ میں اللہ کے راستہ میں خرچ اور بخل سے بچنے کی تاکید فرمائی ہے اور فرمایا کہ جو شخص فیاض و سخی ہوتا ہے تو اللہ تعالیٰ اس کے لیے مشکلیں آسان فرما دیتا ہے اور بخیل آدمی کو اللہ کے یہاں اس کا مال کام نہ دے گا بلکہ اس نے دنیا میں جو کچھ خرچ کیا ہو گا وہ اس کے کام آئے گا

واما اذا ما ابتلہ فقدر علیہ رزقہ فیقول ربی اھانن کلا بل لا تکرمون الیتیم ولا تحضون علی طعام المسکین (الفجر ۱۸ ۔ ۱۶ : ۸۹)

ترجمہ: اور جب وہ اس کو آزماتا ہے تو اس کی روزی تنگ کر دیتا ہے تو وہ کہنے لگتا ہے

کہ میرے رب نے میری اہانت کی (ذلیل کیا) ایسا ہر گز نہیں بلکہ تم ہی یتیموں کی عزت نہیں کرتے اور مسکینوں کے کھلانے کی ایک دوسرے کو ترغیب نہیں دیتے

توضیح: اللہ تعالیٰ نے ان آیات میں یتیموں اور مسکینوں کے ساتھ برتاؤ کے تعلق سے بیان فرمایا کہ اگر تم ان کے ساتھ حسن سلوک کروگے تو تمہیں رزق میں کشادگی دی جائے گی اور اگر تم ان کے ساتھ بے رخی برتوگے اور بخیلی کروگے تو تمہیں تنگی رزق میں مبتلا کر دیا جائے گا لہذا انجام بد سے پہلے پہلے اپنی اصلاح کر لو ورنہ آخرت میں سوائے پچھتاوے کے اور کچھ نہ ہو گا

فلا اقتحم العقبۃ وما ادرک ما العقبۃ فک رقبۃ اواطعام فی یوم ذی مسغبۃ یتیماذامقربۃ اومسکیناذامتربۃ

(البلد۱۱:۹۰سے۱۶)

ترجمہ: تو اس سے یہ نہ ہو گا کہ گھاٹی میں داخل ہوتا اور کیا سمجھا کہ گھاٹی کیا ہے کسی گردن کو آزاد کرنا یا بھوک والے دن کھانا کھلا دینا کسی رشتہ دار یتیم کو یا خاکسار مسکین کو

توضیح: جس طرح کسی بڑی دشوار گھاٹی میں چڑھنا مشکل ہوتا ہے اسی طرح یتیموں مسکینوں کی کفالت محتاجوں کی مدد یہ بھی بڑا مشکل کام ہے، مگر اس کو انجام دینا جہنم کی گھاٹی سے اپنے آپ کو بچا کر جنت الفردوس میں داخل ہونا ہے سبحان اللہ

الھٰکم التکاثر حتی زرتم المقابر

(التکاثر۱:۱۰۲سے آخر تک)

ترجمہ: زیادتی کی چاہت نے تمہیں غافل کر دیا یہاں تک کہ تم قبرستان جا پہنچے ہر گز نہیں تم عنقریب معلوم کر لوگے ہر گز نہیں پھر تمہیں جلد علم ہو جائے گا ہر گز نہیں اگر تم یقینی طور پر جان لو تو بے شک تم جہنم دیکھ لوگے اور تم اسے یقین کی آنکھ سے دیکھ لوگے

پھر اس دن تم سے ضرور بالضرور نعمتوں کا سوال ہو گا

توضیح: انسان صرف دنیا سنوارنے میں لگا ہوا ہے اس کی خواہش تکمیل تک نہیں پہنچ رہی ہیں بس ہائے ہائے یہ بنالوں وہ بنالوں اتنا جمع کرلوں اس سے سبقت کرلوں اسی اس میں وہ اللہ کے ذکر نماز سے غافل رہتا ہے بالآخر موت اس کو دبوچ لیتی ہے سب کچھ چھوڑ کر دو گز زمین کے ٹکڑے میں سما جاتا ہے اگر اس نے حاجت مندوں، محتاجوں، سائلوں، غربا و مسکینوں و یتیموں کا خیال کیا تو ٹھیک ہے ورنہ یہ بخل اسے جہنم کا ایندھن بنائے گا

بسم اللہ الرحمن الرحیم

ویل لکل ھمزۃ لمزۃ الذی جمع مالا وعددہ یحسب ان مالہ اخلدہ

(الھمزہ ۱:۱۰۴ سے آخر تک) ترجمہ: شروع کرتا ہوں اللہ تعالیٰ کے نام سے جو بڑا مہربان نہایت رحم والا ہے

بڑی خرابی ہے ہر ایسے شخص کی جو عیب ٹٹولنے والا، غیبت کرنے والا ہو جو مال کو جمع کرتا جائے اور گنتا جائے وہ سمجھتا ہے کہ اس کا مال اس کے پاس سدا رہے گا ہرگز نہیں یہ تو ضرور توڑ پھوڑ دینے والی آگ میں پھینک دیا جائے گا اور تجھے کیا معلوم کہ ایسی آگ کیا ہو گی؟ وہ اللہ تعالیٰ کی سلگائی ہوئی آگ ہو گی جو دلوں پر چڑھتی چلی جائے گی اور ان پر بڑے بڑے ستونوں میں ہر طرف سے بند کی ہوئی ہو گی

توضیح: اللہ تعالیٰ نے انسان کو کتنا آگاہ فرمایا ہے کہ اس کے انجام بد سے خبردار کیا مگر ہائے رے انسان تو اپنی دولت میں کتنا مگن ہے اس کے غرور کے نشہ میں مست ہے تجھے معلوم نہیں کہ قارون جیسے کئی لوگ اب تک اس دنیا کو خیر باد کہہ چکے ہیں آج لوگوں کے پاس لاکھوں کروڑوں روپیہ بینکوں کی زینت ہیں محل و مکانات میں جن و شیطان کا

بسیرا ہے جو خالی پڑے ہوئے ہیں مگر کتنے محتاج آج بھی کھلے آسمان میں ننگے بدن اور کتنے ائمہ مساجد کے رہائشی انتظام نہ ہونے کے سبب برسوں اپنے گھروں سے دور ہیں

* * * * *

چھٹا باب
آئینۂ نماز و زکوٰۃ

آئینۂ نماز۔۱

نمازیں	تعداد رکعت فرض نماز	سنت مؤکدہ: فرض کے پہلے	سنت مؤکدہ: فرض کے بعد	سنت غیر مؤکدہ: فرض کے پہلے	سنت غیر مؤکدہ: فرض کے بعد
فجر	دو رکعت	دو رکعت	نہیں	نہیں	نہیں
ظہر	چار رکعت	چار یا دو رکعت	دو رکعت	نہیں	۲ رکعت
عصر	چار رکعت	نہیں	نہیں	دو دو کر کے چار رکعت	نہیں
مغرب	تین رکعت	نہیں	دو رکعت	جو چاہے ہلکی دو رکعت	پڑھے نہیں
عشاء	چار رکعت	نہیں	دو رکعت	تحیۃ المسجد دو رکعت	نہیں، نماز وتر ایک تین پانچ

جمعہ کی نمازیں

جمعہ کی دو رکعت فرض ہیں خطبۂ جمعہ سے پہلے جتنا ہو سکے سنتیں پڑھیں اگر خطبہ شروع ہو چکا ہو تو صرف دو رکعت سنت پڑھیں جمعہ کی نماز کے بعد چار رکعت سنتیں دو دو کر کے پڑھیں

عیدین کی نمازیں

صرف دو رکعت مؤکدہ ہیں

نفل نمازیں

نماز تہجد یا نماز تراویح: گیارہ رکعت / آٹھ نفل تین وتر

چاشت کی نماز: کم از کم چار رکعت دو دو کر کے، زیادہ سے زیادہ بارہ رکعت

تحیۃ المسجد: دو رکعت (سفر و حضر دونوں میں)

نقشہ ہٰذا کتب احادیث صحاح ستہ سے ترتیب دیا گیا ہے

آئینۂ زکوٰۃ

زکوٰۃ کا اجتماعی نظام ہونا چاہئے جس طرح نماز میں اجتماعیت ہے اگر یہ نظام قائم ہو جائے تو مسلمان کبھی بھی کسی کا محتاج نہیں رہے گا اس کے لئے بیت المال کا قیام ہو جس میں صدقات وزکوٰۃ جمع ہوں پھر اس سے ضرورت مندوں کی ضرورتیں پوری ہوں اللہ تعالیٰ نے اہل مصارف کا اس طرح تعین فرمایا ہے اللہ تعالیٰ کا ارشاد ہے:

"بے شک صدقات (زکوٰۃ) صرف فقیروں کے لئے ہیں اور ان کے وصول کرنے والوں کے لئے اور دلوں کی تالیف کے لئے (غیر مسلموں کے لئے جن کے دل اسلام کی طرف مائل ہو رہے ہیں یا وہ غریب نئے مسلم جو ابھی اسلام میں داخل ہوئے ہوں) اور گردن کے آزاد کرانے میں اور قرض داروں کے لئے اور اللہ کی راہ میں اور مسافروں کے لئے اور یہ اہم فریضہ ہے اللہ کی طرف سے اور اللہ علم و حکمت والا ہے" (التوبہ ۹:۶۰)

اسلام میں بیت المال کا باضابطہ نظام موجود ہے لہٰذا مذکورہ تعین کے تحت اس پر عمل ہونا چاہئے

اونٹوں کا نصاب

اگر کسی کے پاس ۵ سے لے کر ۹ تک اونٹ ہو تو ایک بکری زکوٰۃ ہے

اگر کسی کے پاس ۱۰ سے لے کر ۱۴ تک اونٹ ہو تو دو بکری زکوٰۃ ہے

اگر کسی کے پاس ۱۵ سے لے کر ۱۹ تک اونٹ ہو تو تین بکری زکوٰۃ ہے

اگر کسی کے پاس ۲۰ سے لے کر ۲۴ تک اونٹ ہو تو چار بکری زکوٰۃ ہے

اگر کسی کے پاس ۲۵ سے لے کر ۳۵ تک اونٹ ہو تو ایک سال کی اونٹی جس کا دوسرا شروع ہو

اگر کسی کے پاس ۳۶ سے لے کر ۴۵ تک اونٹ ہو تو دو سال کی اونٹنی

اگر کسی کے پاس ۴۶ سے لے کر ۶۰ تک اونٹ ہو تو ایک اونٹنی جس کا چوتھا سال شروع ہو

اگر کسی کے پاس ۶۱ سے لے کر ۷۵ تک اونٹ ہو تو ایک اونٹنی جس کا پانچواں سال شروع ہو

اگر کسی کے پاس ۷۶ سے لے کر ۹۰ تک اونٹ ہو تو دو اونٹنیاں تیسرے سال والی زکوٰۃ ہے

اگر کسی کے پاس ۹۱ سے لے کر ۱۲۰ تک اونٹ ہو تو دو اونٹنیاں چوتھے سال والی زکوٰۃ ہے

(صحیح بخاری، کتاب الزکوٰۃ، حدیث نمبر ۱۴۵۴)

گایوں کا نصاب

اگر کسی کے پاس ۳۰ سے لے کر ۳۹ گائے ہو تو ایک گائے کا بچہ جو دوسرے سال میں داخل ہو چکا ہو زکوٰۃ ہے

اگر کسی کے پاس ۴۰ سے لے کر ۵۹ گائے ہو تو تیسرے سال والی ایک گائے زکوٰۃ ہے

اگر کسی کے پاس ۶۰ سے لے کر ۷۰ گائے ہو تو دوسرا سال شروع کر چکے دو بچھڑے زکوٰۃ ہے

(سنن بیقہی ۴!۸۹ابو داؤد حاکم ۱!۳۹۸)

بکریوں کا نصاب

اگر کسی کے پاس ۴۰ سے لے کر ۱۲۰ بکریاں ہو تو ایک بکری زکوٰۃ ہے

اگر کسی کے پاس ۱۲۱ سے لے کر ۲۰۰ بکریاں ہو تو دو بکریاں زکوٰۃ ہے

اگر کسی کے پاس ۲۰۱ سے لے کر ۳۰۰ بکریاں ہو تو تین بکریاں زکوٰۃ ہے

اس کے بعد ہر سو پر ایک بکری بڑھتی جائے گی

(صحیح بخاری کتاب الزکوٰۃ مع فتح الباری)

سونے کا نصاب

اگر کسی کے پاس ساڑھے سات تولہ سونا ہو اور پورا ایک سال گزر چکا ہو تو اس پر چالیسواں حصہ سوا دو ماشہ سونا (یا پھر اس کی قیمت) زکوٰۃ ہے اس سے کم پر زکوٰۃ نہیں ہے ہاں کوئی خوشی سے کچھ خیرات کر دے

چاندی کا نصاب

اگر کسی کے پاس ساڑھے باون تولہ چاندی ہو اور ایک سال گزر چکا ہو تو اس پر چالیسواں حصہ ایک تولہ چار ماشہ چاندی (یا پھر اس کی قیمت) زکوٰۃ ہے اس سے کم پر زکوٰۃ نہیں ہے ہاں کوئی خوشی سے کچھ خیرات کر دے

نقدی کرنسی روپئے کا نصاب

اگر کسی کے پاس چاندی کے نصاب کی قیمت کے برابر روپیہ ہو اور اس پر پورا ایک

سال گزر چکا ہو تو ڈھائی فی صد کے حساب سے زکوٰۃ نکالی جائے گی اس سے کم پر زکوٰۃ نہیں ہے ہاں کوئی خوشی سے خیرات کر دے اس سے زیادہ جتنا بڑھتا جائے

اناج غلے کا نصاب

اگر کسی کے یہاں بیس من غلہ اناج آسمانی بارش سے تیار ہوا تو دسواں حصہ (عشر) زکوٰۃ ہے (یعنی بیس من میں دو من غلہ زکوٰۃ ہے) اور اگر غلہ اناج کنویں کے پاس سے یا پھر نہر یا تالاب کے پانی سے تیار ہوا ہو تو نصف عشر بیسواں حصہ زکوٰۃ ہے (یعنی بیس من میں صرف ایک من غلہ زکوٰۃ ہے)

(کتب احادیث، کتاب الزکوٰۃ)

آئینۂ نماز۔ ۲

وضو

نماز کے لئے وضو ضروری ہے وضو بسم اللہ سے شروع کریں پھر اپنے دونوں ہاتھ پہنچوں تک تین بار دھوئیں پھر تین بار کلی کریں اور تین بار ناک میں پانی ڈالیں بائیں ہاتھ سے ناک صاف کریں پھر تین بار منہ دھوئیں اور داڑھی کا خلال کریں پھر اپنا داہنا ہاتھ کہنی تک تین بار دھوئیں، اسی طرح بایاں ہاتھ بھی کہنی تک تین بار دھوئیں اور ہاتھوں کی انگلیوں کا خلال کریں اگر انگوٹھی ہو تو اس کو ہلالیں سر کا مسح کریں دونوں ہاتھ کو سر کے اگلے حصے سے شروع کر کے گدی تک لے جائیں، پھر وہاں سے اسی جگہ واپس لے جائیں جہاں سے شروع کئے تھے اور کانوں کا مسح کریں، شہادت کی دونوں انگلیاں دونوں کانوں کے سوراخوں میں ڈال کر کانوں کی پیٹھ پر انگوٹھوں کے ساتھ مسح کریں پھر اپنا داہنا پیر پھر بایاں پیر ٹخنوں تک تین بار دھوئیں اور پیروں کی انگلیوں کے درمیان خلال کریں وضو پورا ہوا

تیمم

اگر کسی وجہ سے نماز کے وقت پانی نہ مل سکے یا بیماری میں پانی استعمال کرنے سے نقصان پہنچنے کا اندیشہ ہو تو بسم اللہ کہہ کر دونوں ہاتھ پاک مٹی پر مارے، پھر پھونک کر منھ اور دونوں ہاتھ پر ملے اس کے بعد یہ دعا پڑھیں:

اشھد ان لا الہ الا اللہ وحدہٗ لاشریک لہ واشھد ان محمداً عبدہٗ ورسولہ اللھم اجعلنی من التوابین واجعلنی من المتطھرین

قیام

کسی بھی نماز کو شروع کرنے سے پہلے قبلہ کی طرف منہ کر کے نماز کی نیت دل میں کریں پھر دونوں ہاتھوں کو کندھوں کے برابر اٹھا کر اللہ اکبر کہتے ہوئے داہنا ہاتھ بائیں ہاتھ پر اپنے سینے پر رکھ کر نیت باندھ لیں پھر دعا ثناء پڑھیں :

سبحانک اللھم وبحمدک وتبارک اسمک وتعالیٰ جدک ولا الہ غیرک پھر اعوذ باللہ من بسم اللہ الرحمن الرحیم

پڑھ کر سورۂ فاتحہ پڑھنے کے بعد کوئی اور سورہ ملانا ہے کیونکہ بغیر سورۂ فاتحہ کے نماز ہی نہیں ہوتی

فضیلت سورۃ فاتحہ

(عن ابی ھریرۃ رضی اللہ عنہ قال انی سمعت رسول اللہ ﷺ یقول: قال اللہ تعالیٰ الحدیث (رواہ مسلم)

حضرت ابوہریرہ رضی اللہ عنہ روایت کرتے ہیں کہ میں نے رسول اللہ ﷺ کو فرماتے سنا کہ اللہ تعالیٰ فرماتا ہے کہ میرے اور میرے بندے کے درمیان نماز نصف نصف تقسیم ہے نصف نماز میرے لئے اور نصف نماز میرے بندے کے لئے ہے اور میرے بندے کو وہی ملے گا جو وہ مانگے گا جب بندہ "الحمدللہ رب العلمین" (تمام تعریفیں اللہ رب العلمین کے لئے ہے) کہتا ہے تو اللہ عزوجل فرماتا ہے کہ میرے بندے

نے میری حمد کی اور جب وہ کہتا ہے الرحمن الرحیم (جو رحمن اور رحیم ہے) اللہ فرماتا ہے کہ میرے بندے نے میری ثنا کی اور جب وہ کہتا ہے "مالک یوم الدین" (یوم جزا کا مالک ہے) تو (اللہ) فرماتا ہے کہ میرے بندے نے میری عظمت اور بزرگی کا اظہار کیا اور جب وہ کہتا ہے "ایاک نعبد وایاک نستعین" (ہم تیری ہی عبادت کرتے ہیں اور تجھی سے مدد مانگتے ہیں) تو وہ فرماتا ہے کہ یہ میرے اور میرے بندے کے درمیان ہے اور میرے بندے کو وہ چیز ملے گی جس کی اس نے درخواست کی اور جب وہ کہتا ہے "اھدنا الصراط المستقیم صراط الذین انعمت علیھم غیر المغضوب علیھم ولا الضالین" (ہمیں سیدھا راستہ دکھا، ان لوگوں کا راستہ جن پر تو نے انعام فرمایا ہے ان کا راستہ نہیں جن پر تیرا غضب ہو اور گمراہوں کا راستہ) تو فرماتا ہے کہ یہ میرے بندے کے لئے ہے اور میرے بندے کو وہ چیز حاصل ہوگی جس کا اس نے سوال کیا اب پوری نماز اطمینان سے پڑھیں تاکہ ہماری ساری دعائیں بارگاہ الٰہی میں قبول ہو جائیں والا ضالین کے بعد بلند آواز سے آمین کہنا ہے
(

پھر اللہ اکبر کہہ کر رفع الی دین کرتے ہوئے رکوع کریں رکوع میں تین بار سبحان ربی اعظمی کہنا ہے

قومہ (رکوع کے بعد کھڑے ہونا)

پھر رکوع سے سر اٹھاتے ہوئے رفع الیدین (دونوں ہاتھ اٹھانا) کرتے ہوئے سیدھے کھڑے ہو کر "سمیع اللہ لمن حمدہ" "ربنالک الحمد حمداً کثیراً طیباً مبارکاًفیہ" پڑھیں

سجدہ

پھر سجدہ میں جاتے وقت پہلے دونوں ہاتھ زمیں میں رکھ کر پھر گھٹنوں کو رکھیں سجدہ میں ناک پیشانی اور دونوں ہاتھ اور دونوں قدم کی انگلیاں زمین پر کٹا دیں ہاتھ پہلو سے دور رکھیں سینہ پیٹ رانیں زمین سے اونچی رکھنا ہے سجدوں کی تسبیح ''سبحان ربی الاعلیٰ'' تین مرتبہ پڑھنا ہے

جلسہ (دونوں سجدے کے درمیان بیٹھنا)

پھر پہلے سجدہ سے سر اٹھا کر بایاں پاؤں بچھا کر اس پر بیٹھ جائیں اور دایاں پاؤں کھڑا رکھیں اور داہنا ہاتھ داہنی ران پر اور بایاں ہاتھ بائیں ران پر اس طرح رکھیں کہ انگلیاں قبلہ رخ اور گھٹنے کے قریب ہوں اور یہ دعا پڑھیں:

اللھم اغفرلی وارحمنی وعافنی واھدنی وارزقنی

پھر دوسرا سجدہ بھی اسی طرح کرنا ہے دوسرے سجدہ سے اٹھ کر جب دوسری یا چوتھی رکعت کے لئے کھڑا ہونا ہو تو جلسہ استراحت کرنا ہے (یعنی ہلکا سا بیٹھنا)

جلسہ استراحت کے بعد دوسری یا چوتھی رکعت کے لئے اور قعدۂ اولیٰ کے بعد تیسری رکعت کے لئے اٹھنے کے وقت پہلے دونوں گھٹنوں کو زمین سے اٹھائیں پھر دونوں ہاتھوں کو۔

تشہد (قعدہ اولیٰ)

پہلے قعدہ میں جلسۂ استراحت ہی کی طرح بیٹھ کر یہ دعا پڑھیں:

التحیات للہ والصلوات والطیبات السلام علیک ایھا النبی ورحمۃ اللہ وبرکاتہ السلام علینا وعلیٰ عباداللہ الصالحین، اشھد ان لا الہ الا اللہ واشھد ان محمداً عبدہٗ ورسولہٗ

پھر درود شریف پڑھنا ہے

(قعدہ اولیٰ دو رکعت کے بیٹھنے کو کہتے ہیں)

قعدہ اولیٰ اور آخری میں التحیات پڑھتے وقت دائیں ہاتھ کی انگلیوں کو موڑ کر کلمہ کی انگلی کو کھلی رکھ کر اس سے اشارہ کرنا چاہیئے، تین اور چار رکعت والی نمازوں میں پہلے قعدہ سے اٹھنے کے بعد رفع الیدین کرنا چاہیئے فرض کی تیسری اور چوتھی رکعتوں میں صرف سورہ فاتحہ پڑھنی چاہیئے

آخری قعدہ (آخری رکعت کے لئے بیٹھنے کو کہتے ہیں)

آخری قعدہ میں بیٹھنے کا طریقہ یہ ہے کہ داہنا پاؤں قبلہ رخ کر کے کھڑا رکھا جائے اور بائیں پاؤں کو دائیں طرف نکالا جائے اور بائیں جانب کی سرین کو زمین پر رکھ کر بیٹھا جائے پھر تشہد کے بعد درود شریف پڑھیں:

درود شریف: اللھم صل علی محمد ولی ال محمد کما صلیت علیٰ ابراھیم و علیٰ ال ابراھیم انک حمید مجید اللھم بارک علی محمد و علی ال محمد کما بارکت علیٰ ابراھیم و علیٰ ال ابراھیم انک حمید مجید

درود شریف کے بعد کی دعائیں

اللھم انی ظلمت نفسی ظلما کثیر اولا یغفر الذنوب الا انت فاغفرلی مغفرۃ من عندک وارحمنی انک انت الغفور الرحیم اللھم انی اعوذ بک من عذاب القبر واعوذ بک من فتنۃ المسیح الدجال واعوذ بک من فتنۃ المحیا وفتنۃ الممات اللھم انی اعوذ بک من الماثم و من المغرم

پھر داہنی طرف رخ کرتے ہوئے کہیں السلام علیکم و رحمۃ اللہ، پھر بائیں طرف

کہیں السلام علیکم ورحمۃ اللہ

سلام کے بعد کی دعائیں

سلام پھیرنے کے بعد امام اور مقتدی کو بلند آواز سے اللہ اکبر کہنا ہے اور تین مرتبہ استغفر اللہ کہیں پھر یہ دعا پڑھیں

: اللھم انت السلام سمنک السلام تبارکت یاذاالجلال والاکرام

ان دعاؤں کے علاوہ ۳۳بار سبحان اللہ اور ۳۳بار الحمد اللہ اور ۳۴بار اللہ اکبر اور ایک مرتبہ لا الہ الا اللہ وحدہ لاشریک لہ،لہ الملک ولہ الحمد وھو علی کل شی قدیر پڑھیں

آپ ﷺ فرماتے ہیں کہ جو شخص ہر فرض نماز کے بعد اٰیۃ الکرسی پڑھے گا وہ سیدھے جنتی ہوگا

نوٹ: فرض نماز کے فوراً بعد امام کے ساتھ اجتماعی دعا کرنا بدعت ہے

وتر کی نماز

وتری نماز ایک رکعت یا تین رکعت پڑھنی چاہیے،وتر رات کی آخری نماز ہے۔

دعاء قنوت وتر

وتر کی آخری رکعت میں رکوع سے پہلے قنوت کی یہ دعا پڑھنی چاہئے:

اللھم اھدنی فیمن ھدیت وعافنی فیمن عافیت وتولنی فیمن تولیت وبارک لی فیما اعطیت وقنی شر ما قضیت فانک تقضی ولا یقضی علیک انہ لایذل من والیت ولا یعز من عادیت تبارکت ربنا وتعالیت نستغفرک ونتوب الیک وصلی اللہ علی النبی

حوالے: صحاح ستہ سے!

بخاری و مسلم و ابوداؤد و ترمذی و نسائی و ابن ماجہ اور مسند احمد و صحیح ابن حزیمہ وغیرہم کتاب الصلوۃ

*****

ساتواں باب

سجدۂ تلاوت

قرآن کریم میں پندرہ سجدے ہیں ذیل میں تفصیل بیان کی جارہی ہے سجدے کے لغوی معنی سر جھکانا سجدہ کرنا" تعظیماً یا عبادۃً" سجود جمع ہے اللہ تعالیٰ کے لئے پیشانی وماتھا زمین پر رکھنا، اسی لیے مسجد کو سجدہ کرنے کی جگہ کو کہتے ہیں

طریقۂ سجدہ اور اس کے اقسام

سجدہ سات ہڈیوں سے کیا جاتا ہے :(۱)پیشانی مع ناک،(۲)دونوں ہاتھوں ، (۳)دونوں گھٹنوں اور (۴)دونوں پاتھوں کی انگلیوں کی پوروں سے

اقسام: نمازوں میں سجدے نماز میں بھول چوک ہونے پر سجدۂ سہو، سجدۂ تلاوت، دوران نماز یا دوران تلاوت قرآن کریم میں سجدہ والی آیت آنے پر سجدۂ شکر کوئی اچھی خبر سننے پر یا کوئی خوشی کے لمحات آنے پر یا دعاؤں کے لئے اللہ تعالیٰ کی عبادت ساری زمین میں کہیں بھی کر سکتے ہیں سوائے قبرستان میں یا کوئی قبر کے سامنے یا بت خانوں میں یا جہاں تصویریں ہوں، کوڑا کرکٹ کی جگہیں، بیچ راستوں میں جہاں عام لوگوں کا گزرنا لگاتار رہتا ہے حمام خانہ میں اونٹوں کے کاندھے کی جگہ میں کعبۃ اللہ کی چھت پر ان

مقامات کو چھوڑ کر کہیں بھی سجدے کئے جاسکتے ہیں چونکہ نبی اکرم ﷺ فرماتے ہیں کہ میرے لئے ساری زمین کو مسجد اور پاکیزگی حاصل کرنے کا ذریعہ بنا دیا گیا ہے یعنی جہاں نماز کے اوقات آجائیں وہاں نماز پڑھ لیں اور پانی نہ ملنے پر یا بیماری میں وضو کی جگہ تیمم کر لیں (سبحان اللہ کیا احسان ہے اس امت پر)

(بخاری و مسلم ابو داؤد ترمذی مسند احمد سنن نسائی)

سجدۂ تلاوت

سجدے کی چند مثالیں: حضرت عبد اللہ بن عمرؓ سے روایت ہے کہ وہ کہتے ہیں کہ نبی اکرم ﷺ جب ہمارے سامنے قرآن کریم پڑھتے تھے تو جب کسی سجدہ والی آیت سے گزرتے تو اللہ اکبر کہتے اور آپؐ سجدہ کرتے اور آپ کے ساتھ ہم بھی سجدہ کرتے (ابو داؤد)

سجدۂ تلاوت کی دعا

سَجَدَ وَجْھِیَ لِلَّذِیْ خَلَقَہٗ وَصَوَّرَہٗ وَشَقَّ سَمْعَہٗ وَبَصَرَہٗ بِحَوْلِہٖ وَقُوَّتِہٖ فَتَبَارَکَ اللّٰہُ اَحْسَنُ الْخَالِقِیْنَ (ترمذی نسائی)

جسے یہ دعا یاد نہ ہو تو سبحان ربی الاعلیٰ تین بار پڑھے اب با بالترتیب سجداتِ تلاوت ملاحظہ فرمائیں

واذکر ربک فی نفسک تضرعا وخیفۃ ودون الجھر من لقول بالغدو والاصال ولا تکن من الغفلین ان الذین عند ربک لایستکبرون عن عبادتہ ویسبحونہ ولہ یسجدون (الاعراف ۹:۲۰۵ ۲۰۶)

ترجمہ :اور اے شخص! اپنے رب کی یاد کیا کر اپنے دل میں عاجزی کے ساتھ اور خوف کے ساتھ اور زور کی آواز کی نسبت کم آواز کے ساتھ صبح اور شام اور اہل غفلت میں سے مت ہونا یقیناً جو تیرے رب کے نزدیک ہیں وہ اس کی عبادت سے تکبر نہیں کرتے اور اس کی پاکی بیان کرتے ہیں اور اس کو سجدہ کرتے ہیں

توضیح: یہ آیت سجدہ قرآن کریم کی پہلی آیت اور پہلا سجدہ ہے جب سجدہ والی آیت آتی تو رحمۃ اللعلمین رسول اکرم ﷺ فوراً سجدہ میں چلے جاتے اور آپ کے ساتھ جو بھی ہوتا وہ بھی سجدہ میں گر جاتا اور آپ ﷺ نے آیات سجدات میں سجدہ کرنے کا حکم دیا چونکہ اس میں اللہ تعالیٰ کا حکم ہے اگر نماز میں بھی یہ آیت آجائے تو قرأت چھوڑ کر پہلے سجدہ کرنا ہے پھر اس کے بعد قرأت شروع کرنا ہے سجدہ میں گر جانا عاجزی اور انکساری کی علامت ہے اور جو سجدہ نہ کرے وہ تکبر و غرور پسند ہے یقینی بات ہے کہ جو لوگ نمازوں کے پابند ہوں گے اور قرآن کریم کی تلاوت کرتے ہوں گے انہیں ہی سجدوں کی سعادت نصیب ہو گی وہی خوش نصیب ہیں اب وہ مسلمان جو اس سے محروم ہوں وہ اس کی زمین میں بوجھ ہیں وہ ہمیشہ ذلیل اور رسوا ہوں گے جن کو جہنم کا ایندھن بنایا جائے گا العیاذ باللہ

وللہ یسجد من فی السموات والارض طوعاو کرھا و ظللھم با الغدووالاصال (الرعد ۱۳:۱۵)

ترجمہ :اللہ ہی کے لیے زمین اور آسمانوں کی سب مخلوق خوشی اور ناخوشی سے سجدہ کرتی ہے اور ان کے سائے بھی صبح وشام

توضیح:اس سے پہلے کی آیات میں ہے کہ ہر چیز اس کی تسبیح حمد و ثنا بیان کر رہی ہے

آسمان میں گرج و کڑک و بجلی اور اس کے فرشتے وغیرہم

مگر یہ انسان کتنا بڑا نافرمان و سرکش ہے کہ کتنا اللہ تعالیٰ نے اس پر احسان و کرم کیا وہ غیروں کے سامنے سر بسجود ہیں اور ایک ایمان والا ہے وہ بھی سجدوں سے محروم لہٰذا انسان اگر اللہ کے لئے سجدے نہ کرے تو اللہ بے نیاز ہے کیوں کہ اس کے سامنے زمین و آسمان کی ساری چیزیں سجدہ کر رہی ہیں

اولم یروا الی ما خلق اللہ من شی یتفیؤ اظللہ عن الیمین للہ والشمائل سجد اللہ و ھم دخرون وللہ یسجد مافی المسوات ومافی الارض من دابۃ والملئکۃ وھم لایستکبرون یخافون ربھم من فوقھم ویفعلون مایومرون

(النحل ۴۸:۱۶ سے ۵۰) ترجمہ: کیا انھوں نے اللہ کی مخلوق میں سے کسی کو بھی نہیں دیکھا؟ کہ اس کے سائے دائیں بائیں جھک جھک کر اللہ تعالیٰ کے سامنے سر بسجود ہوتے اور عاجزی کا اظہار کرتے ہیں یقیناً آسمان و زمین کے کل جاندار اور تمام فرشتے اللہ تعالیٰ کے سامنے سجدے کرتے ہیں اور ذرا بھی تکبر نہیں کرتے اور اپنے رب سے جو ان کے اوپر ہے، کپکپاتے رہتے ہیں اور جو حکم مل جائے اس کی تعمیل کرتے ہیں

توضیح: اللہ تعالیٰ ان آیات میں بھی انسان کو جتا رہا ہے کہ تم اللہ تعالیٰ کی عبادت و بندگی میں لگے رہو جس سے تمہارا ہی فائدہ ہے ورنہ اس کی عبادت میں ساری چیزیں اور اس کے سائے جھکے ہوئے ہیں جیسا کہ مذکورہ آیات میں بیان ہوا ہے

قل امنوا بہ اولا تومنوا ان الذین اوتوا العلم من قبلہ اذا یتلی علیھم یخرون للاذ قان سجدا ویقولون سبحن ربنا ان کان وعد ربنا لمفعولا ویخرون للاذ قان یبکون ویزید ھم خشوعا

(بنی اسرائیل ۱۰۷:۱۷ اسے ۱۰۸) ترجمہ: کہہ دیجئے ! تم اس پر ایمان لاؤ یا نہ لاؤ، جنھیں اس سے پہلے علم دیا گیا ہے ان کے پاس تو جب بھی اس کی تلاوت کی جاتی ہے تو وہ ٹھوڑیوں کے بل سجدہ میں گر پڑتے ہیں اور کہتے ہیں کہ ہمارا رب پاک ہے، ہمارے رب کا وعدہ بلا شک وشبہ پورا ہو کر رہنے والا ہی ہے وہ اپنی ٹھوڑیوں کے بل روتے ہوئے سجدہ میں گر پڑتے ہیں اور یہ قرآن ان کی عاجزی اور خشوع اور خضوع بڑھا دیتا ہے

توضیح: اللہ تعالیٰ کافرین و مشرکین سے مخاطب ہے کہ اگر تم پیغام الٰہی کو جھٹلاتے ہو تو جھٹلاؤ مگر کچھ اہل کتاب جس سے تم بھی واقفیت رکھتے ہو وہ تو پہلے ہی صفات نبوی ﷺ کو پہچان کر (جو انھوں نے اپنی کتابوں میں پڑھا تھا) آپ ﷺ پر ایمان لے آئے تھے اور جب انھوں نے کلام ربانی سنا تو فوراً سجدے میں گر پڑے عاجزی و انکساری کا ثبوت دیتے ہوئے لہٰذا نماز کے پابند اور قرآن کریم کی تلاوت کرنے والے یہی لوگ اللہ تعالیٰ کی بندگی کرنے والے عاجزی و انکساری کو اپنانے والے ہیں

وممن ھدینا وجتبینا اذا تتلی علیھم آیت الرحمن خروا سجدا وبکیا (مریم ۱۹:۵۸)

ترجمہ: ہم نے نوح (علیہ السلام) کے ساتھ کشتی میں چڑھا لیا تھا، اور اولاد ابراہیم و یعقوب سے اور ہماری طرف سے راہ یافتہ اور ہمارے پسندیدہ لوگوں میں سے ان کے سامنے جب اللہ رحمان کی آیتوں کی تلاوت کی جاتی تھی یہ سجدہ کرتے اور روتے گڑگڑاتے گر پڑتے تھے

توضیح: اللہ تعالیٰ نے ان آیات سے پہلے پیغمبروں اور صالحین نیک لوگوں کا ذکر فرما کر ان کی صفات بیان فرمایا ہے کہ وہ لوگ اللہ تعالیٰ کے سامنے جھکنے والے عبادت گزار سجدہ ریز ہونے والے تھے اور جب ان کے سامنے کلام الٰہی پڑھا جاتا تو اسے سن کر رونے لگتے تھے ان کے سامنے یوم الحساب کا منظر ہوتا جہنم کی ہولناکیوں سے خوف کھانے لگتے

تھے حالانکہ وہ اللہ کے برگزیدہ بندے تھے اس کے باوجود اللہ تعالیٰ سے حد سے زیادہ ڈرتے تھے مگر آج نام کے مسلمان مکر و فریب کے مجسمے اللہ تعالیٰ کا خوف نہیں رکھتے نمازوں سے اور تلاوت قرآن کریم سے دوری رکھے ہوئے ہیں

الم تران اللہ یسجد لہ من فی المسوات و من فی الارض والشمس والقمر والنجوم والجبال والشجر والدوآب وکثیر من الناس وکثیر حق علیہ العذاب و من یھن اللہ فمالہ من مکرم ان اللہ یفعل مایشاء(الحج ۱۸:۲۲)

ترجمہ: کیا آپ صلی اللہ علیہ وسلم نہیں دیکھ رہے ہیں کہ اللہ کے سامنے سجدے میں ہیں، سب آسمانوں والے اور سب زمینوں والے اور سورج اور چاند اور ستارے اور پہاڑ اور درخت اور جانور اور بہت سے انسان بھی ہاں بہت سے وہ بھی ہیں جن پر عذاب کا مقولہ ثابت ہو چکا ہے، جسے رب ذلیل کردے اسے کوئی عزت دینے والا نہیں، اللہ جو چاہتا ہے کرتا ہے

توضیح: اللہ تعالیٰ نے اس آیت میں بیان فرمایا کہ ساری چیزیں اللہ تعالیٰ کے سامنے جھکی ہوئی ہیں مگر انسان ہے کہ اِن مخلوق کے ہی سامنے سجدہ کر رہا کوئی زمین دھرتی ماتا، کوئی سورج کو سورج دیوتا، کوئی چاند کو چندرماں، کوئی پہاڑ کو درختوں (بڑ پیپل کا پیڑ، تلسی کا پیڑ وغیرہ) کوئی جانوروں، کوئی انسانوں کو معبود بنائے رکھے ہیں کوئی قبروں میں دفن انسانوں کو وغیرہ یہ سارے مشرکین ذلیل و رسوا ہیں اور جہنم کا ایندھن ہیں صرف اللہ تعالیٰ کے سامنے سجدہ ریز ہونے والے مواحد مومن ہیں انہیں کے لئے جنت کا وعدہ ہے

یاایھاالذین امنوا ارکعوا اسجدو وعبدوا ربکم وافعلوا الخیر لعلکم تفلحون (الحج ۷۷:۲۲)

ترجمہ: اے ایمان والو! رکوع اور سجدے کرتے رہو اور اپنے پروردگار کی عبادت

میں لگے رہو اور نیک کام کرتے رہو تا کہ تم کامیاب ہو جاؤ

توضیح: کتنے احسن انداز میں رب کائنات نے انسان کو آگاہ فرمایا کہ ساری عبادتیں اللہ ہی کے لئے خاص ہیں قیام و رکوع و سجود و حاجت روائی و مشکل کشائی وغیرہ انہیں لوگوں کے لئے اللہ تعالیٰ نے کامیابی کی ضمانت دی ہے

واذا قیل لھم اسجدواللرحمن قالوا وما الرحمن انسجد لما تامرنا وازادھم نفورا(الفرقان ۶۰:۲۵)

ترجمہ: ان سے جب کبھی کہا جاتا ہے کہ رحمن کو سجدہ کرو تو جواب دیتے ہیں رحمن ہے کیا؟ کیا ہم اسے سجدہ کریں جس کا تو ہمیں حکم دے رہا ہے اور اس (تبلیغ) نے ان کی نفرت میں مزید اضافہ کر دیا

توضیح: کافرین و مشرکین اللہ تعالیٰ کے سامنے سجدہ ریز نہیں ہوتے مساجد اور نمازوں سے کوسوں دور رہتے ہیں مگر اللہ کے سامنے جھکنے سے انہیں بیر ہے مکہ کے کفار اور مشرکین مختلف قسم کے بتوں کا وسیلہ لیتے تھے (مثلاً: لات، منات و عزیٰ) جب ان سے کہا جاتا کہ اللہ رحمن کی عبادت کرو اسی کو سجدہ کرو تو کہتے کہ یہ رحمن کیا ہے حالانکہ وہ جانتے تھے مگر وسیلہ کی غلط تعبیر نے انہیں گمراہ کر دیا تھا یہی حال آج کے مشرکین کا ہے یعنی براہ راست اس کے سامنے جھکنے سے قاصر تھے توحید کی ہمیشہ مخالفت کرتے تھے آج بھی یہی حال ہے

وجئتک من سبابنبایقین ویعلم ماتخفون وما تعلنون اللہ لا الہ ھورب العرش العظیم (النحل ۲۲:۲۷ سے ۲۶)

ترجمہ: سبا کی ایک سچی خبر تیرے پاس لایا ہوں میں نے دیکھا کہ ان کی بادشاہت ایک عورت کر رہی ہے جسے ہر قسم کی چیز سے کچھ نہ کچھ دیا گیا ہے اور اس کا تخت بھی بڑی عظمت والا ہے میں نے اسے اور اس کی قوم کو، اللہ تعالیٰ کو چھوڑ کر سورج کو سجدہ کرتے ہوئے پایا، شیطان نے ان کے کام انہیں بھلے کر کے دکھلا کر صحیح راہ سے روک دیا ہے پس وہ ہدایت پر نہیں آتے کہ اسی اللہ کے لیے سجدے کریں جو آسمانوں اور زمینوں کی پوشیدہ چیزوں کو باہر نکالتا ہے اور جو کچھ تم چھپاتے ہو اور ظاہر کرتے ہو وہ سب کچھ جانتا ہے اس کے سوا کوئی معبود بر حق نہیں وہی عظمت والے عرش کا مالک ہے

توضیح: حضرت سلیمان علیہ السلام کو اللہ تعالیٰ نے ساری مخلوق پر حکمرانی عطا فرمائی تھی ایک روز آپؑ نے سب کو ایک میدان میں جمع ہونے کا حکم دیا سارے جاندار چرند پرند حشرات الارض سب اکٹھے ہو گئے مگر وہاں ایک مخصوص ہدہد پرندہ غائب تھا جو مشیت الٰہی سے ملک سباء چلا گیا تھا حضرت سلیمان علیہ السلام نے فرمایا کہ اب ہدہد کو میں سزا دوں گا کہ بغیر اجازت کہاں فرار ہو گیا یہی بات چل رہی تھی کہ اچانک ہدہد میاں ٹپک پڑے اور آکر اس ملک کی خبر سناتے ہیں جو آیات مذکورہ میں بیان ہے ہدہد پرندہ نے بھی شرک کی غلاظت کو آکر بیان کیا کتنا اچھا ہوتا کہ وہ لوگ اللہ تعالیٰ کی عبادت کرتے اسی کو سجدے کرتے مگر شیطان نے وہاں کے لوگوں کو گمراہ کر دیا ہے کہ اللہ تعالیٰ کی عبادت کرتے اسی کو سجدے کرتے مگر شیطان نے وہاں کے لوگوں کو گمراہ کر دیا ہے کہ وہ لوگ اللہ کو چھوڑ کر غیر اللہ کو سجدہ کر رہے ہیں معلوم ہوا کہ ساری مخلوق چرند پرند اللہ کی عبادت کرتے ہیں تفصیل کے لیے مکمل سورۃ النحل کا مطالعہ کریں

انمایومن بایتنا الذین اذاذکروابھاخرواسجداوسبحوا بحمد ربھم وھم

لایستکبرون(السجدۃ ۳۲:۱۵)

ترجمہ: ہماری آیتوں پر وہی ایمان لاتے ہیں جنھیں جب کبھی ان سے نصیحت کی جاتی ہے تو وہ سجدے میں گر پڑتے ہیں اور اپنے رب کی حمد کے ساتھ اس کی تسبیح پڑھتے ہیں اور تکبر نہیں کرتے ہیں

توضیح: اللہ تعالیٰ نے مومنوں کی پہچان بیان فرمائی ہے کہ وہ لوگ سجدہ کرنے والے ہیں عاجزی اور انکساری کرنے والے ہیں قرآنی آیات ان کے دلوں میں اثر کر جاتی ہیں وہی لوگ اللہ تعالیٰ کی حمد و ثنا و بزرگی و بڑائی و کبریائی کرتے ہیں نمازیں پڑھتے ہیں اسی کے سامنے جھکنے والے ہیں جو اللہ تعالیٰ کے سامنے نہ جھکے وہ متکبر ہے و مغرور ہیں

قال لقد ظلمت بسوال نعجتک الی نعاجہ وان کثیرا من الخلطاءلیبغی بعضھم علی بعض الا الذین امنواو عملوا الصلحت و قلیل ماھم وظن داودانما فتنہ فاستغفر ربہ وخر راکعا واناب(ص ۳۸:۲۴)

ترجمہ: آپ نے فرمایا!اس کا اپنی دنبیوں کے ساتھ تیری ایک دنبی ملا لینے کا سوال بے شک تیرے اوپر ایک ظلم ہے اور اکثر حصہ دار اور شریک (ایسے ہی ہوتے ہیں کہ) ایک دوسرے پر ظلم کرتے ہیں، سوائے ان کے جو ایمان لائے اور جنھوں نے نیک عمل کیے اور ایسے لوگ بہت ہی کم ہیں اور (حضرت) داؤد (علیہ السلام) سمجھ گئے کہ ہم نے انہیں آزمایا ہے، پھر تو اپنے رب سے استغفار کرنے لگے اور عاجزی کرتے ہوئے گر پڑے (یعنی اللہ تعالیٰ کے سامنے سجدے میں گر پڑے) اور (پوری طرح) رجوع کیا

توضیح: توضیح اور شان نزول! حضرت داؤد علیہ السلام کے پاس دو فرشتے آدمی کی شکل میں بطور آزمائشی ایک مقدمہ لے کر آئے تو آپؑ نے دونوں کی بات سنے بغیر ایک

کے حق میں فیصلہ سنا دیئے تو اللہ تعالیٰ نے آپؑ کو آگاہی فرمائی تو آپؑ سمجھ گئے کہ مجھ سے لغزش ہو گئی تو فوراً اللہ تعالیٰ کے طرف رجوع ہوئے اور سجدے میں گر پڑے تو اللہ تعالیٰ نے در گزر فرمایا اس لئے آیت پر سجدہ کیا جاتا ہے معلوم ہوا سجدہ کرنے سے اللہ تعالیٰ کی قربت و نزدیکی حاصل ہوتی ہے اور سجدے سے انسان اللہ کے سامنے عاجزی و انکساری کا ثبوت دیتا ہے شریعت اسلام میں یہ ہے کہ مدعی اور مدعی علیہ دونوں کی بات سن کر قاضی فیصلہ سنائے تاکہ حق والوں کو حق مل سکے

ومن ایتہ الیل والنھار والشمس والقمر لا تسجدوا للشمس ولا للقمر وسجدوا اللہ الذی خلقھن ان کنتم ایاہ تعبدون فان استکبروافالذین عندربک یسبحون لہ بالیل والنھاروھم لایسئمون (حم السجدہ ۳۷:۴۱ سے ۳۸)

ترجمہ: اور دن رات اور سورج چاند بھی (اسی کی) نشانیوں میں سے ہیں تم سورج کو سجدہ کرو نہ چاند کو بلکہ سجدہ اس اللہ کے لیے کرو جس نے ان سب کو پیدا کیا ہے، اگر تمہیں اسی کی عبادت کرنی ہے تو پھر بھی اگر یہ کبر و غرور کریں تو وہ (فرشتے) جو آپ کے رب کے نزدیک ہیں وہ تو رات دن اس کی تسبیح بیان کر رہے ہیں اور (کسی وقت بھی) نہیں اکتاتے

توضیح: اللہ تعالیٰ نے یہاں بھی آگاہ فرمایا کہ ہم نے جن و انس کو ہماری ہی عبادت کے لئے پیدا کیا ہے اور یہ پوری کائنات اس انسان کے لئے سجایا ہے لہٰذا تم اس کی مخلوق میں سے کسی کی بھی عبادت نہ کرنا کسی کے بھی سامنے سجدہ نہ کرنا بلکہ اللہ تعالیٰ ہی کے لیے سجدے کرنا اگر تم ہماری عبادت نہ کروگے ہمیں سجدے نہ کروگے تو ہماری شان میں ذرہ برابر بھی فرق نہ پڑے گا ہمارے سامنے تو ہمارے فرشتے سجدہ ریز ہیں اور ہماری حمد و ثنا

تسبیح بیان کر رہے ہیں وہ اس سے تھکتے بھی نہیں ہیں

وتضحکون ولاتبکون وانتم سمدون فاسجدوا اللہ اعبدوا

(النجم ۶۰:۵۴ سے ۶۲) ترجمہ :اور ہنس رہے ہو؟ روتے نہیں ؟ (بلکہ) تم کھیل رہے ہو اب اللہ کے سامنے سجدے کرو اور (اسی کی) عبادت کرو

توضیح: کفار و مشرکین مکہ آپ ﷺ کی دعوت و تبلیغ پر مذاق اڑاتے ہنستے کھیل و ٹھٹا کرتے تو اللہ تعالیٰ نے ان کے اس فعل کو یہاں بیان فرمایا اللہ تعالیٰ جب یہ آیات نازل فرمائی تو اس حکم کی تعمیل میں آپ ﷺ اصحاب کرامؓ سجدے میں گر گئے مجلس میں اس وقت یہ کیفیت تھی کہ وہاں جو مشرکین و کافرین موجود تھے سب کے سب سجدے میں گر گئے تھے

توحید کی دعوت پر آج بھی مذاق اڑایا جاتا ہے ہر دور میں مذاق اڑانے والے مشرکین ہی رہے ہیں

فمالھم لایومنون واذا قری علیھم القران لایسجدون بل الذین کفروایکذبون واللہ اعلم بمایوعون فبشرھم بعذاب الیم الا الذین امنواو عملواالصلحت لھم اجر غیر ممنون

(الانشقاق ۲۰:۸۴ سے ۲۵) ترجمہ :انہیں کیا ہو گیا کہ ایمان نہیں لاتے اور جب ان کے پاس قرآن پڑھا جاتا ہے تو سجدہ نہیں کرتے بلکہ جنھوں نے کفر کیا وہ جھٹلا رہے ہیں اور اللہ تعالیٰ خوب جانتا ہے کہ جو کچھ یہ دلوں میں رکھتے ہیں انہیں المناک عذابوں کی خوش خبری سنادو ہاں ایمان والوں اور انیک اعمال والوں کو بے شمار اور نہ ختم ہونے والا اجر ہے

توضیح: اللہ تعالیٰ نے ان آیات میں بھی کفار مکہ کی ہٹ دھرمی بیان فرمائی ہے کہ تعلیمات قرآنی سے ان کو نفرت ہے سجدوں سے عداوت ہے جب وہ مومنوں کو اللہ تعالیٰ کے سامنے جھکتے ہوئے دیکھتے ہیں تو ان کے جسم میں حرارت پیدا ہو جاتی ہے تو اللہ تعالیٰ نے ایسے لوگوں کے لئے جہنم کی وعید سنائی ہے اس کے بعد مومنوں کے نیک اعمال کا ثمرہ بیان فرمایا کہ ان کو لازوال اجر دیا جائے گا کیوں وہ نمازیں پڑھتے ہیں اللہ کے سامنے سجدے کرتے ہیں

کلا لئن لم ینتہ لنسفعا بالناصیۃ ناصیۃ کاذبۃ خاطئۃ فلیدع نادیہ سندع الزبانیۃ کلا لا تطعہ واسجد واقترب

(العلق ۹۶:۱۴ سے ۱۹) ترجمہ: یقیناً اگر یہ باز نہ رہا تو ہم اس کی پیشانی کے بال پکڑ کر گھسیٹیں گے ایسی پیشانی جو جھوٹی خطا کار ہے یہ اپنی مجلس والوں کو بلا لے ہم بھی (دوزخ کے) پیادوں کو بلا لیں گے خبر دار! اس کا کہنا ہرگز نہ مانئے اور سجدہ کیجئے اور قریب ہو جائیے

توضیح: مکہ میں آپ کا سب سے بڑا دشمن ابو جہل تھا آپ کو نماز پڑھنے سے روکتا تھا ایک مرتبہ ابو جہل نے آپ ﷺ کے بارے میں کہا کہ اگر وہ کعبہ کے پاس نماز پڑھنے سے باز نہیں آئے تو میں اس کی گردن میں پیر رکھ دوں گا جب آپ ﷺ کو یہ بات پہنچی تو آپ ﷺ نے فرمایا اگر وہ یہ حرکت کرتا تو فرشتے اسے پکڑ لیتے ایک مرتبہ آپ ﷺ کعبے کے پاس نماز پڑھ رہے تھے ادھر ابو جہل گزرا تو اس نے کہا کہ کیا میں نے تجھے یہاں نماز پڑھنے سے نہیں روکا تھا تو آپ ﷺ نے بھی اسے سخت جواب دیا تو اس نے بھی کہا کہ اے محمد (ﷺ) کیا تو مجھے ڈراتا ہے میرے حمایتی تو یہاں سب سے

زیادہ ہیں اس کے جواب میں اللہ تعالیٰ مذکورہ آیات نازل فرمائیں (صحیح بخاری، تفسیر سورۃ العلق، ترمذی ایضاً)

معلوم ہوا کہ اتنی سخت مخالفت کے باوجود سجدے کی تاکید کی گئی ہے کہ تم ان کی پرواہ کئے بغیر سجدے کر کے اللہ تعالیٰ کا قرب حاصل کرو گویا نمازوں کی پابندی سے اللہ تعالیٰ کی خصوصی تائید و نصرت حاصل ہوتی ہے افسوس آج اس سے انتہائی غفلت برتی جا رہی ہے

سجدۂ شکر

حضرت عبد الرحمن بن عوفؓ سے روایت ہے کہ ایک مرتبہ رسول اللہ ﷺ نے سجدہ کیا اور اس کو لمبا کر دیا پھر اپنا سر اٹھایا اور فرمایا کہ تحقیق میرے پاس حضرت جبرائیل علیہ السلام آئے اور خوش خبری دی تو میں نے اللہ تعالیٰ کا شکر کرنے کو سجدہ کیا (بروایت احمد)

ابو بکرؓ سے روایت ہے کہ نبی ﷺ کو کوئی ایسا کام پیش آتا جس سے آپ ﷺ خوش ہوتے تو آپ سجدۂ شکر ادا کرتے (بخاری و مسلم ابو داؤد ترمذی)

اب اگر کوئی کسی بھی خوشی میں غیر اللہ کے مزاروں پر جا کر، بت خانوں میں جا کر نذر و نیاز کرے، ان کا شکر ادا کرے تو اس سے بڑھ کر نافرمان اور سرکش کون ہو گا

سجدے میں دعا: اللہ تعالیٰ نے ارشاد فرمایا "سجدہ کرو اور اللہ کے قریب ہو جاؤ (سورۃ العلق، آخری آیت)

حضرت ابو ہریرہؓ سے روایت ہے کہ رسول اللہ ﷺ نے ارشاد فرمایا کہ بندہ سب سے زیادہ اپنے رب ک قریب سجدہ میں ہوتا ہے پس سجدے میں کثرت سے دعا مانگو

(رواہ مسلم)

جنگ بدر میں مسلمان ۳۱۳ تھے اور کفار ایک ہزار تھے مگر مسلمان ایمان کی دولت سے لبریز تھے پھر بھی آپ ﷺ اللہ تعالیٰ کے سامنے سجدہ میں گر پڑے اور عاجزی اور انکساری سے مومنین کے لئے دعائیں فرمائے بالآخر اللہ تعالیٰ نے فتح کی خوش خبر عطا فرمائیں تو پھر آپ نے سجدے سے سر اٹھایا اور اپنے پیارے اصحابؓ کو فتح کی بشارت سنائی (مسلم، ج:۲، ص:۱۳۹)

سجدوں ہی سے جنت ملے گی

اللہ تعالیٰ نے مومنوں سے جنت کا وعدہ فرمایا ہے یہ مقام صرف ان لوگوں کو نصیب ہو گا جنھوں نے ایمان لا کر نیک اعمال کئے ہوں گے یہ جنت کوئی ٹھیکیداری کا مقام نہیں ہے کہ کوئی پیر و مرشد، فقیر و درویش یا اور کوئی جنت کا ضامن بن جائے جیسا کہ آج اس دور کے جاہل علماء بریلویوں نے یہ تصور عوام میں پرو دیا ہے اور قوم کو گمراہی کے عمیق دلدل میں پھنسا دیا ہے تعلیمات قرآنی سے انہیں دور کر دیا ہے صرف اپنے پیٹ میں جہنم کی آگ بھر کر اپنا الو سیدھا کر رہے ہیں اللہ انہیں ہدایت سے نواز دے آمین

رحمۃ اللعلمین نبی اکرم ﷺ کی خدمت میں حضرت ربیعہ بن کعب الاسلمیؓ حاضر رہتے تھے آپکے دروازے کے پاس بیٹھے رہتے تھے کہ کب آپؐ حکم فرمائیں اور میں خدمت کا شرف حاصل کروں کئی غزوات میں بھی آپؓ نبی اکرم ﷺ کے ساتھ ہم سفر رہتے تھے آپؓ کی یہی پُر خلوص خدماتِ جلیلہ کی وجہ سے نبی اکرم ﷺ آپؓ کو بہت چاہتے تھے آخر کار جب رحمت کا پیمانہ لبریز ہو گیا تو آپ ﷺ نے ان سے فرمایا کہ اے ربیعہ بن کعب اب مجھ سے جو مانگنا ہے مانگ میں تجھے دوں گا تو انھوں نے عرض کیا: ”یا

رسول اللہ ﷺ! میں سوچ کر جواب دوں گا۔"

دوسرے دن حضور ﷺ نے پھر پوچھا: "تم نے کیا سوچا؟" انھوں نے عرض کیا: "یا رسول اللہ ﷺ! میں آپ سے یہ سوال کرتا ہوں کہ آپ اللہ تعالیٰ سے میرے لیے یہ دعا کریں کہ وہ مجھے آخرت میں دوزخ سے بچائے اور جنت میں آپ کی معیت نصیب فرمائے۔" حضور ﷺ نے فرمایا: کیا اس کے علاوہ کوئی اور حاجت ہے؟" میں نے عرض کیا: "نہیں یا رسول اللہ ﷺ! صرف یہی حاجت ہے"

تو آپ ﷺ نے فرمایا کہ: "فاعنی علیٰ نفسک بکثرۃ السجود"

"تو تم اپنے مطلوب مقصد کے لئے بہت سجدے کر کے میری مدد کرو"

(رواہ مسلم باب صلوٰۃ التطوع)

معلوم ہوا کہ بنا عبادت و بندگی اور بنا نماز و سجود کے جنت نہیں ملے گی

٭٭٭٭٭

آٹھواں باب
مسجدوں و دیگر سجدوں کا مختصر بیان

"اللہ تعالیٰ نے لوگوں کے لئے سب سے پہلے اس کائنات میں مسجد بنایا کعبۃ اللہ مکۃ المکرمہ میں" جو آج کائنات کے مسلمانوں کا قبلہ ہے اور پھر کائنات کی ساری مسجدیں اللہ تعالیٰ کے گھر ہیں جو سب سے زیادہ اللہ تعالیٰ کو محبوب اور پسندیدہ ہیں

(آل عمران ۹۶:۳)

حضرت ابوہریرۃؓ سے روایت ہے کہ نبی اکرم ﷺ ارشاد فرماتے ہیں کہ بے شک تمام مقامات میں اللہ تعالیٰ کو سب سے زیادہ محبوب ترین جگہیں یہی مسجدیں ہیں اور تمام مقامات میں سب سے زیادہ ناپسند اور بری جگہ بازار ہیں

اس سے مساجد کی قدر و منزلت کا اور عزت و حرمت کا اندازہ بخوبی لگایا جا سکتا ہے اور یہی ساری کائنات کے مسلمانوں کے روحانی مرکز ہیں

مسجدیں اللہ تعالیٰ کے گھر ہیں جہاں صرف اسی کی عبادت کی جاتی ہے اقامتِ نماز اور تلاوتِ قرآن، ذکر و اذکار، دعا التجا کے لئے اور وہاں فضول باتیں شور و غل، لہو و لعب کرنا حرام ہے چنانچہ ایک حدیث میں اس طرح اس کی عزت و حرمت آئی ہے:

"حضرت حسنؒ سے مرسلاً روایت ہے کہ رسول اللہ ﷺ نے فرمایا: لوگوں پر ایسا زمانہ آنے والا ہے کہ وہ اپنی دنیا کی باتیں اپنی مسجدوں میں کریں گے، اس وقت تم ان

لوگوں میں نہ بیٹھنا، اللہ کو ایسے لوگوں کی ضرورت نہیں ہے" (بیہقی)

اتنی بڑی پیشن گوئی ہمارے سامنے ہے آج کے حالات کا مشاہدہ کریں تو امت مسلمہ اللہ تعالیٰ کے گھروں کے ساتھ اسی طرح پیش آرہی ہے کیا یہ بڑا ظلم نہیں ہے مساجد گمشدہ چیزوں کے اعلان کی جگہ نہیں ہے اس تعلق حدیث رسولؐ ملاحظہ ہو:

"حضرت ابوہریرہؓ کہتے ہیں کہ رسول اللہ ﷺ نے فرمایا: جو کسی شخص کو مسجد میں کسی گمشدہ چیز کے لیے اعلان کرتے سنے تو کہے کہ اللہ تجھے وہ چیز نہ لوٹائے کیونکہ مسجدیں اس کے لیے نہیں بنائی گئی ہیں" (رواہ مسلم)

مساجد تو صرف اللہ تعالیٰ کی عبادت کے لئے بنائی گئی ہیں جو لوگ گمشدہ چیزوں کا اعلان مسجدوں میں کرتے ہیں ان کے لیے نبی اکرم ﷺ کی بدعا ہے، کیونکہ وہ لوگ آپؐ کے فرمان کی مخالفت کرنے کی ٹھیکیداری لئے ہوئے ہیں آئے دن کسی نہ کسی گمشدہ چیزوں کا مسجدوں میں اعلان کرتے رہتے ہیں اللہ تعالیٰ ہدایت سے نوازدے

حضرت ابو قتادہؓ سے روایت ہے کہ رسول اللہ ﷺ نے ارشاد فرمایا کہ "جب تم میں سے کوئی بھی مسجد میں داخل ہو تو دو رکعت پڑھنے سے پہلے نہ بیٹھے (بخاری و مسلم)

اس حدیث سے مسجد کی قدر و منزلت واضح ہو جاتی ہے اس مسجد کے حق کو تحیۃ المسجد کہتے ہیں مسجد میں جس وقت بھی جانا ہو چاہے سفر ہو یا حضر دو رکعت پڑھنا ہے ایک حدیث میں اس طرح ہے کہ نبی اکرم ﷺ ارشاد فرماتے ہیں کہ "قیامت کی نشانیوں میں سے ہے کہ آدمی مسجد سے گزرے مگر دو رکعت نماز ادا نہیں کرے گا اور سلام صرف پہچان والوں سے کرے گا (رواہ الطبرانی)

حدیث ہٰذا سے یہ بات ثابت ہو چکی ہے کہ قیامت بالکل قریب ہے آج لوگ مسجدوں سے دور ہو گئے صرف حاجت کرنے والوں کی بھیڑ کے بھیڑ لگی رہتی ہے

مسجدوں کے پیشاب خانے، بیت الخلاء، باپ کی ملکیت سمجھ لئے ہیں یہی حال سلام کرنے والوں کا ہے کہ صرف پہچان والوں کو سلام کرتے ہیں

حضرت انس رضی اللہ عنہ سے روایت ہے کہ رسول اللہ ﷺ نے ارشاد فرمایا کہ مجھ پر میری امت کے اجر و ثواب پیش کئے گئے یہاں تک کہ وہ اجر بھی کہ آدمی مسجد سے ایک تنکا ہی نکال پھینک دیتا ہے (رواہ ابوداؤد و ترمذی)

نبی اکرم ﷺ کو معراج میں جنت و جہنم اور اس کی بہت سی چیزوں کا مشاہدہ کرایا گیا اور لوگوں کے عمل صالح کے ثمرات اسی طرح جس نے اللہ تعالیٰ کے گھر مسجد سے ایک تنکا ہی پھینک دیا ہو اس کا بڑا اجر و ثواب آپ ﷺ کو دکھایا گیا اس لئے ہمیں چاہیے کہ نمازوں کے ساتھ ساتھ اس کی صاف صفائی کا بھی خیال رکھیں تاکہ اس بشارت عظمیٰ کے ہم بھی مستحق بن سکیں اسی طرح مسجد میں خرید و فروخت کرنے کی بھی ممانعت آئی آپ ﷺ فرماتے ہیں جب کوئی مسجد میں خرید و فروخت کرے تو اس کو کہو کہ اللہ تعالیٰ تیری تجارت میں نفع و فائدہ نہ دے اس حدیث سے بھی مسجد کی عزت و حرمت کا اندازہ لگایا جاسکتا ہے (رواہ نسائی و ترمذی)

مساجد آبادی کے تناسب سے زیادہ سے زیادہ بنائی جاسکتی ہیں حضرت عائشہ صدیقہؓ روایت فرماتی ہیں کہ رسول اللہ ﷺ مسجدوں کو محلوں میں بنانے کا اور انہیں صاف ستھرا رکھنے کا اور خوشبو سے معطر کرنے کا حکم دیا ہے (ابو داؤد)

خوشبو کے لئے عود کی دھونی اچھی قسم کی اگر بتی اور کثرت سے عطریات کا استعمال کرنا چاہیے تاکہ مسجد میں خوشبو ہو جائے اسی طرح بدبودار چیزیں کھا کر نہیں آنا چاہیے لہسن اور کچا پیاز کے تعلق سے کسی شخص نے حضرت انسؓ سے پوچھا گیا کہ کیا آپ نے نبی ﷺ کو لہسن کے بارے میں کچھ فرماتے سنا ہے (انھوں نے) کہا کہ آپ ﷺ نے

فرمایا ہے: جو شخص لہسن کھائے وہ ہماری مسجد کے قریب نہ آئے (رواہ البخاری)

چونکہ اس میں بدبو ہوتی ہے جس سے اللہ تعالیٰ کی دوسری مخلوق کو تکلیف پہنچتی ہے بیڑی پینے والوں کو ہوش میں آنا چاہئے کیوں کہ بیڑی کی بدبو اس سے کہیں زیادہ آتی ہے بیڑی پینے والے مسجد کی بے حرمتی کرتے ہیں

نبی اکرم ﷺ اور آپ کے اصحابؓ کرام ایک غزوہ سے واپس آرہے تھے لوگوں کو بھوک لگی تو کچھ اصحابؓ کچی پیاز کھائے اس کے بعد نماز کا وقت ہو گیا جب جماعت کھڑی ہوئی تو آپ ﷺ نے پیاز کھانے والوں کو صف کے سب سے پیچھے کھڑا کیا تاکہ اللہ کے فرشتوں اور نمازیوں کو اس کی بدبو سے تکلیف نہ ہو تو لوگوں نے کہنا شروع کیا کہ پیاز حرام ہو گئی تو آپ ﷺ نے فرمایا کہ کسی حلال چیز کو حرام کرنا میرے اختیار میں نہیں (بخاری مسلم)

صرف کچی پیاز اور لہسن کھا کر مسجد میں نہیں آنا ہے جب تک کہ اس کی بدبو نہ چلی جائے

مسجدوں سے روکنے والا سب سے بڑا ظالم ہے

مسجدیں اللہ تعالیٰ کے گھر ہیں جو اس کی عبادت سے کسی مسلمان کو روکے گا اس کے تعلق سے اللہ تعالیٰ نے فرمایا:

ومن اظلم ممن منع مسجد اللہ ان یذکر فیھا اسمہ وسعی فی خرابھا اولئک ماکان لھم ان یدخلوھا الا خائفین لھم فی الدنیا خزی ولھم فی الاخرۃ عذاب عظیم (البقرہ ۱۱۴:۲)

ترجمہ: اس شخص سے بڑھ کر ظالم کون ہے جو اللہ تعالیٰ کی مسجدوں میں اللہ تعالیٰ

کے ذکر کئے جانے کو روکے اور ان کی بربادی کی کوشش کرے، ایسے لوگوں کو خوف کھاتے ہوئے ہی اس میں جانا چاہئے ان کے لئے دنیا میں بھی رسوائی اور آخرت میں بھی دردناک عذاب ہے

توضیح: سابقہ امم میں بھی ایسے ظالم لوگ گزرے ہیں جو اللہ تعالیٰ کے گھروں میں اس کی عبادت کرنے سے روکا کرتے تھے خود مکہ کے کفار و مشرکین آپ ﷺ کو اور آپ کے ساتھیوں کو کعبۃ اللہ مسجد حرام سے اللہ کی عبادت کرنے سے روکتے تھے تو انہیں سب سے بڑا ظالم کہا گیا ہے افسوس صد افسوس آج بریلوی مسلمانوں نے ان کی جگہ لے لی ہے وہ مسجدوں کو اپنے گھر سمجھتے ہیں توحید پرستوں کو مسجدوں سے روکتے ہیں اگر کسی نے بسا اوقات نماز پڑھ بھی لیا تو مسجدوں کو دھوتے تک ہیں، یہ تعلیمات قرآنی سے دور اور جہالت کا ثبوت ہے

مسجدوں کے آداب

اللہ تعالیٰ نے ارشاد فرمایا:

واذا فعلوا فاحشۃ قالوا وجدنا علیھا اباٰءنا واللہ امرنا بھا قل ان اللہ لا یامر بالفحشاء اتقولون علی اللہ مالا تعلمون یبنی ادم خذوا زینتکم عند کل مسجد وکلوا واشربوا ولا تسرفوا انہ لا یحب المسرفین

(الاعراف ۷: ۲۷ سے ۳۱)

ترجمہ: اور وہ لوگ جب کوئی فحش کام کرتے ہیں تو کہتے ہیں کہ ہم نے اپنے باپ دادا کو اسی طریق پر پایا ہے اور اللہ نے بھی ہم کو یہی بتایا ہے آپ کہہ دیجئے کہ اللہ تعالیٰ فحش

بات کی تعلیم نہیں دیتا، کیا اللہ کے ذمہ ایسی بات لگاتے ہو جس کی تم سند نہیں رکھتے ؟ آپ کہہ دیجئے کہ میرے رب نے حکم دیا ہے انصاف کا اور یہ کہ تم ہر سجدہ کے وقت اپنا رخ سیدھا رکھا کرو اور اللہ تعالیٰ کی عبادت اس طور پر کرو کہ اس عبادت کو خالص اللہ ہی کے واسطے رکھو تم کو اللہ نے جس طرح شروع میں پیدا کیا تھا اسی طرح تم دوبارہ پیدا ہو گئے

بعض لوگوں کو اللہ نے ہدایت دی ہے اور بعض پر گمراہی ثابت ہو گئی ہے ان لوگوں نے اللہ تعالیٰ کو چھوڑ کر شیطانوں کو دوست بنا لیا ہے اور خیال رکھتے ہیں کہ وہ راست پر ہیں اے اولاد آدم! تم مسجد کی ہر حاضری کی وقت اپنا لباس پہن لیا کرو اور خوب کھاؤ اور پیو اور حد سے مت نکلو بے شک اللہ حد سے نکل جانے والوں کو پسند نہیں کرتا

توضیح: مشرکین و کفار مکہ بت پرستی آباء واجداد پرستی، توہم پرستی اور بھی بہت سی رسم و رواج کی زنجیروں میں جکڑے ہوئے تھے اسی جہالت کے سبب وہ برہنہ ننگے ہو کر خانہ کعبہ کا کیا کرتے تھے اس بے ہودہ حرکتوں سے نبی اکرم ﷺ نے انہیں روکا تو انھوں نے جواب دیا کہ یہی صحیح طریقہ ہے اس کے جواب میں اللہ تعالیٰ نے مذکورہ آیات نازل فرمایا اور انہیں آداب مساجد بتایا گیا ہے کہ جب ہم مسجد میں آئیں تو ادب و احترام کے ساتھ پاک ہو کر آئیں اور ہمارے کپڑے بھی پاک وصاف رہیں اور نماز میں خشوع اور خضوع رکھیں

مساجد تعلق باللہ کا ذریعہ ہیں

الذین اخرجوا من دیارھم بغیر حق الا ان یقولوا ربنا اللہ ولولا دفع اللہ الناس بعضھم ببعض لھدمت صوامع وبیع وصلوت ومسجد یذکر فیھا اسم اللہ کثیر اولیںصرن اللہ من ینصرہ

ان اللہ لقوی عزیز(الحج ۴۰:۲۲)

ترجمہ: یہ وہ ہیں جنھیں ناحق اپنے گھروں سے نکالا گیا، صرف ان کے اس قول پر کہ ہمارا پروردگار فقط اللہ ہے اگر اللہ تعالیٰ لوگوں کو آپس میں ایک دوسرے سے نہ ہٹاتا رہتا تو عبادت خانے اور گرجے اور مسجدیں اور یہودیوں کے معبد اور وہ مسجدیں بھی ڈھادی جاتیں جہاں اللہ کا نام بہ کثرت لیا جاتا ہے جو اللہ کی مدد کرے گا اللہ بھی ضرور اس کی مدد کرے گا بے شک اللہ تعالیٰ بڑی قوتوں والا بڑے غلبے والا ہے

توضیح: اللہ تعالیٰ نے اہل ایمان توحید پرستوں کی کیفیت بیان فرمائی ہے کہ انہیں ہمیشہ کافرین و مشرکین سے ایذائیں پہنچتے رہیں گے جن پر انہیں صبر کرنا ہے اور اپنا تعلق برابر اللہ تعالیٰ سے اس کی عبادت کر کے قائم رکھنا ہے جس سے اللہ تعالیٰ کے گھر مسجدیں آباد رہیں گے اس کی برکتوں سے اللہ تعالیٰ کی مدد اور اس کی رحمت مومنوں کے ساتھ شامل رہیں گی اور جب اللہ تعالیٰ کی نافرمانی کی جانے لگے گی مسلمان سرکشی کرنے لگیں گے نمازیں نہیں پڑھیں گے تو پھر ان پر اللہ کا غضب، ذلت و رسوائی نازل ہو گی تو اس ذلت اور رسوائی سے بچانے والا کوئی نہ ہو گا

مسجدوں کی شہادت ہماری نافرمانیوں کا صلہ ہیں

اللہ تعالیٰ نے ارشاد فرمایا

وقضینا الی بنی اسرائیل فی الکتب لتفسدن فی الارض مرتبین ولتعلن علوا کبیرا ان احسنتم احسنتم لانفسکم وان اساتم فلھا فاذاجآء وعد الاخرۃ لیسوء اوجو ھکم ولید خلوا المسجد کمادخلوہ اول مرۃ ولیتبروا ماعلوا تتبیرا

(بنی اسرائیل ۴:۱۷ سے ۸)

ترجمہ: اور ہم نے بنو اسرائیل کے لیے ان کی کتاب میں صاف فیصلہ کر دیا تھا کہ تم زمین میں دوبار فساد برپا کروگے اور تم بڑی زبردست زیادتیاں کروگے

ان دونوں وعدوں میں سے پہلے کے آتے ہی ہم نے تمہارے مقابلہ پر اپنے بندے بھیج دیئے جو بڑے ہی لڑاکے تھے پس وہ تمہارے گھروں کے اندر تک پھیل گئے اور اللہ کا یہ وعدہ پورا ہونا ہی تھا پھر ہم نے ان پر تمہارا غلبہ دے کر تمہارے دن پھیرے اور مال اور اولاد سے تمہاری مدد کی اور تمہیں بڑے جتھے والا بنا دیا

اگر تم نے اچھے کام کیے تو خود اپنے ہی فائدہ کے لیے، اور اگر تم نے برائیاں کیں تو بھی اپنے ہی لیے، پھر جب دوسرے وعدے کا وقت آیا (توہم نے دوسرے بندوں کو بھیج دیا تاکہ) وہ تمہارے چہرے بگاڑ دیں اور پہلی دفعہ کی طرح پھر اسی مسجد میں گھس جائیں اور جس جس چیز پر قابو پائیں توڑ پھوڑ کر جڑ سے اکھاڑ دیں

قریب ہے کہ تمہارا رب تم پر رحم کرے ہاں اگر تم نے دوبارہ وہی حرکت کی تو ہم بھی دوبارہ ایسا ہی کریں گے اور ہم نے منکروں کا قید خانہ جہنم بنا رکھا ہے

توضیح: ۶۰۰ ق م جب یروشلم میں اہل کتاب یہودیوں کی نافرمانی و سرکشی حد سے بڑھ گئی تورات کے احکامات کے خلاف ورزی کرنے لگی اللہ تعالیٰ کے پیغامبروں حضرت شعیب علیہ السلام کو قتل کر دیا اور دیگر کو قیدی بنالئے زمین میں فتنہ وفساد برپا کر دیا تو اللہ تعالیٰ کا غضب نازل ہوا اور بطور عذاب اللہ تعالیٰ نے جالوت بادشاہ کو (ایک قول کے مطابق بخت نصر بادشاہ) ان پر مسلط کر دیا جس نے ان پر ظلم کے پہاڑ توڑ دیئے قتل و غارت گری کیا اور بہتوں کو قیدی بنایا اور ہیکل سلیمانی کو ڈھا دیا مسجدوں کی بے حرمتی اور توڑ پھوڑ کر دی ان پر اس سے پہلے اس طرح عذاب آئے تو پھر یہ لوگ مار کھانے کے بعد

سدھرے اور ایک وقت تک یہ قوم صحیح رہی پھر دوبارہ وہی حرکتیں کرنے لگے تو پھر عذاب الٰہی میں گرفتار ہوئے اللہ تعالیٰ نے مذکورہ آیات میں ہمیں انتباہ فرمایا ہے کہ اگر تم ایسی سرکشی کروگے تو ہم تم پر ظالم بادشاہوں، ظالم حکمرانوں کو مسلط کر دیں گے وہ بھی اسی طرح ظلم کریں گے جیسا کہ بنی اسرائیل پر کیا تھا

قبروں میں مسجدیں بنانا شرک ہے

اللہ تعالیٰ نے صدیوں سونے والے اصحاب کہف کی حفاظت فرمائی ان کے ٹھکانے کے بابت جن لوگوں نے مختلف باتیں کئے تھے اس تعلق سے اللہ تعالیٰ ارشاد فرمایا:

وکذالک اعثرنا علیھم لیعلموا ان الساعۃ لاریب فیھا اذ یتنازعون بینھم امرھم فقالوا ابنوا علیھم بنیانا ربھم اعلم بھم قال الذین غلبوا علی امرھم لنتخذن علیھم مسجدا (الکھف ۱۸:۲۱)

ترجمہ: اور ہم نے اسی طرح لوگوں کو ان کے حال سے آگاہ کر دیا کہ وہ جان لیں کہ اللہ کا وعدہ بالکل سچا ہے اور قیامت میں کوئی شک و شبہ نہیں جبکہ وہ اپنے امر میں آپس میں اختلاف کر رہے تھے کہنے لگے ان کے غار پر ایک عمارت بنالو ان کا رب ہی ان کے حال کا زیادہ عالم ہے جن لوگوں نے ان کے بارے میں غلبہ پایا وہ کہنے لگے کہ ہم تو ان کے آس پاس مسجد بنالیں گے

توضیح: گمراہ لوگ نیک لوگوں کے مرنے کے بعد جہالت کے سبب ان کا وسیلہ لیتے ہیں وہاں مزار بناتے ہیں، عرس میلے و قوالیاں اور عورتوں جوان لڑکے لڑکیاں کے اخلاط و بے پردگی و بے حیائی شرک و بدعت کے انبار جنم لیتے ہیں ایسے ہی وہاں کی بستی والوں

نے اصحاب کہف نیک و صالح توحید پرستوں کے اس عجیب و غریب واقعہ دیکھ کر اسی جگہ جہاں یہ سوئے تھے مسجد بنانے کی بات کرنے لگے تھے تو اللہ تعالیٰ نے ان کے اس فعل کو یہاں ذکر فرمایا ہے جیسا کہ نبی اکرم ﷺ نے فرمایا کہ اللہ یہودیوں اور نصاریٰ پر لعنت فرمائے، جنھوں نے اپنے پیغمبروں اور صالحین کی قبروں کو مسجدیں بنالیا، حضرت عمرؓ کی خلافت میں عراق میں حضرت دانیال علیہ السلام کی قبر دریافت ہوئی تو آپ نے حکم دیا کہ اسے چھپا کر عام قبروں جیسا کر دیا جائے تاکہ لوگوں کے علم میں نہ آئے کہ فلاں قبر فلاں پیغمبر کی ہے ورنہ وہاں لوگوں کی بھیڑ جمع ہونے لگتی اور پھر اندیشہ تھا کہ کہیں قبر پرستی شروع ہو جائے جیسا کہ خود آپ ﷺ نے اپنے بارے میں اللہ تعالیٰ سے دعا فرمائی کہ "اے اللہ میری قبر کو بت نہ بنانا کہ پوجی جانے لگے" اللہ تعالیٰ نے اس دعا کو قبول فرمایا اور قیامت تک اس جگہ کو ایسی خرافات سے پاک رکھا ہے چاہے بریلوی قبر پرست مسلمان مارے حسد کے کچھ بھی کہیں

مساجد توحید باری تعالیٰ کے مرکز ہیں

اللہ تعالیٰ نے ارشاد فرمایا:

وان المسجد للہ فلا تدعوا مع اللہ احدا (سورۂ جن ۱۸: ۷۲)

ترجمہ: اور یہ کہ مسجدیں صرف اللہ ہی کے لئے خاص ہیں پس اللہ تعالیٰ کے ساتھ کسی اور کو نہ پکارو

توضیح: مسجد کے معنی سجدہ گاہ کے ہیں سجدہ بھی ایک رکن نماز ہے، اس لیے نماز پڑھنے کی جگہ کو مسجد کہا جاتا ہے آیت کا مطلب واضح ہے کہ مسجدوں کا مقصد صرف ایک

اللہ کی عبادت ہے، اس لیے مسجدوں میں کسی اور کی عبادت، کسی اور سے دعا و مناجات، کہیں بھی غیر اللہ کی عبادت جائز نہیں ہے لیکن مسجدوں کا بطور خاص اس لیے ذکر کیا ہے کہ ان کے قیام کا مقصد ہی اللہ کی عبادت ہے اگر یہاں بھی غیر اللہ کو پکارنا شروع کر دیا گیا تو یہ نہایت ہی قبیح اور ظالمانہ حرکت ہو گی لیکن بد قسمتی سے بعض نادان مسلمان اب مسجدوں میں بھی اللہ کے ساتھ دوسروں کو بھی مدد کے لیے پکارتے ہیں بلکہ مسجدوں میں ایسے کتبے آویزاں کیے ہوئے ہیں، جن میں اللہ کو چھوڑ کر دوسروں سے استغاثہ کیا گیا ہے (تفسیر حافظ صلاح الدین یوسف، مطبع مدینہ منورہ)

آج فرض نمازوں کے بعد بریلوی مسلمانوں کا طبقہ صلوٰۃ غوثیہ پڑھتا ہے غیر اللہ سے فریاد رسی کرتا ہے اس آیت کا انکار کرتا ہے جس سے نمازوں کی توہین ہے اور اللہ کے گھروں کی بے حرمتی ہے صلوٰۃ غوثیہ اس آیت کی روسے شرک عظیم ہے

بنی اسرائیل کی نعمتیں اور سجدۂ شکر کا حکم اللہ تعالیٰ نے ارشاد فرمایا:

وظللنا علیکم الغمام واذقلنا ادخلوا ھذہ القریۃ فکلوا منھا حیث شئتم رغدا وادخلوا الباب سجدا وقولوا حطۃ نغفر لکم خطیکم وسنزید المحسنین (البقرہ ۲:۵۷ سے ۵۸)

ترجمہ: اور ہم نے تم پر بادل کا سایہ کیا اور تم پر من و سلویٰ اتارا (اور کہہ دیا) کہ ہماری دی ہوئی پاکیزہ چیزیں کھاؤ، اور انھوں نے ہم پر ظلم نہیں کیا، البتہ وہ خود اپنی جانوں پر ظلم کرتے تھے

اور ہم نے تم سے کہا کہ اس بستی میں جاؤ اور جو کچھ جہاں کہیں سے چاہو با فراغت کھاؤ پیو اور دروازے میں سجدے کرتے ہوئے گزرو اور زبان سے "حطۃ" کہو ہم تمہاری خطائیں معاف فرما دیں گے اور نیکی کرنے والوں کو اور زیادہ دیں گے

توضیح: اللہ تعالیٰ نے بنی اسرائیل پر بے مثال نعمتیں عطا فرمایا (جس کا تذکرہ قرآن

کریم میں اللہ تعالیٰ نے کئی جگہ فرمایا ہے) سب سے بڑی نعمت تو یہ تھی کہ خود اللہ تعالیٰ نے فرمایا ”انی فضلتکم علی العلمین“ بے شک میں نے تم کو سارے عالم پر فضیلت عطا فرمائی کیوں کہ اللہ تعالیٰ نے ان پر من و سلویٰ آئتا پکا پکایا کھانا اللہ کے گھر کے بھنے ہوئے بٹیریں اور بہترین دودھ کے جیسے سفید و لذیذ شہد کے جیسا میٹھا مشروب سبحان اللہ کیا نعمتیں تھیں اور وہ مبارک سرزمین فلسطین بیت المقدس جس کا وعدہ ان کو دیا گیا تھا وہ بھی ان کو حاصل ہو گیا جب انہیں بڑی شان و شوکت کے ساتھ اس میں داخل ہونا تھا تو اللہ تعالیٰ نے بنی اسرائیل کو حکم دیا کہ اب ایسی برکت والی بستی میں داخل ہو جاؤ بے دریغ کھاؤ اور پیو صرف تمہیں اتنا کرنا ہے کہ داخل ہوتے وقت سجدۂ شکر بجالانا ہے سجدہ کرتے ہوئے داخل ہونا ہے اور ایک لفظ ”حطۃ“ (یعنی ہمارے گناہ معاف فرما دے) کہتے ہوئے داخل ہونا مگر واہ ری نافرمان قوم نہ انھوں نے سجدے کئے نہ ”حطۃ“ کہے بلکہ اس کی جگہ ”حبۃ فی شعرۃ“ (یعنی بالوں میں گیہوں) کہے

آخر کار اللہ تعالیٰ کا غضب نازل ہوا اور وہ لوگ ذلیل و رسوا ہوئے آج بھی بنی اسرائیل کے جیسے ہٹ دھرم لوگ موجود ہیں ان سے کہا جاتا ہے کہ نبی ﷺ کی اتباع کرو تو اس کے بجائے عید میلاد النبی ﷺ کا جلوس نکالتے ہیں جس کا شریعت سے دور کا بھی واسطہ نہیں گیٹ اور جھنڈے لگاتے ہیں ان سے کہا جاتا ہے کہ پانچوں وقت کی نمازیں قائم کرو تو اس کے بجائے صرف شب معراج کو شرعی رات سمجھ کر صرف نفلیں پڑھتے ہیں ان سے کہا جاتا ہے رمضان المبارک کے آخری عشرہ کی پانچوں طاق راتوں میں جاگو عبادت کرو مگر اس کے بجائے صرف شب برات میں جاگتے ہیں اور اس کے علاوہ بہت سے کام ہیں جن کا شرعی حکم نہیں ہے مگر لوگ دینی کام سمجھ کر کر رہے ہیں جب انہیں منع کریں تو وہابی کہہ کر بات ماننے سے انکار کر دیتے ہیں اللہ سمجھ عطا فرمائے

آمین

اللہ تعالیٰ کے عبادت گزار بندوں کیلئے مسجدوں کا صاف رکھنا ہے

ارشاد ربانی ہے:

واذ جعلنا آلبیت مثابۃ للناس وامنا واتخذوا من مقام ابراھیم مصلی وعھدنا الی ابراھم واسمٰعیل ان طھرا بیتی للطائفین والعکفین والرکع السجود (البقرہ ۱۲۴:۲)

ترجمہ: ہم نے بیت اللہ کو لوگوں کے لئے ثواب اور امن وامان کی جگہ بنائی، تم مقام ابراہیم کو جائے نماز مقرر کرلو، ہم نے ابراہیم (علیہ السلام) اور اسماعیل (علیہ السلام) سے وعدہ لیا کہ تم میرے گھر کو طواف کرنے والوں، رکوع کرنے والوں سجدہ کرنے والوں کے لئے پاک وصاف رکھو

توضیح: اللہ تعالیٰ نے بیت اللہ (کعبۃ اللہ) کو ثواب کی جگہ اور امن وامان کی جگہ بنایا ہے حج کرنا صاحب استطاعت کے لئے فرض ہے جو حج نہ کرے گا وہ کافر ہوگا اللہ تعالیٰ نے اس گھر کو محترم بنایا ہے وہیں مناسک حج ادا کئے جاتے ہیں اس لئے اللہ تعالیٰ نے اس مقام کو ساری دنیا والوں کے لئے جو وہاں آکر عبادت کرتے ہیں، طواف کرتے ہیں، رکوع کرتے، سجدے کرتے ہیں پاک وصاف اور ستھرا رکھنے کا حکم دیا ہے اسی طرح ساری دنیا کی مساجد جو اس کے گھر ہیں ان کو بھی صاف ستھرا رکھنا ہے اللہ تعالیٰ کے نزدیک نماز پڑھنے والوں، طواف کرنے والوں، رکوع وسجود کرنے والوں کی کتنی اہمیت و قدر ومنزلت ہے آیت مذکورہ سے اندازہ لگایا جاسکتا ہے

یمریم اقنتی لربک واسجدی وارکعی مع الرکعین (ال عمران ۴۲:۳)

ترجمہ: اے مریم! تو اپنے رب کی اطاعت کر اور سجدہ کر اور رکوع کرنے والوں کے

ساتھ رکوع کر

توضیح: اللہ تعالیٰ نے جس طرح سے حضرت مریم علیہا الصلوٰۃ والسلام برگزیدہ کیا اور آپ کا انتخاب فرمایا یہ اشارہ ہے کہ ہم تمہارے بطن سے ایک پیغامبر حضرت عیسیٰ علیہ السلام کو پیدا کرنے والے ہیں اس کی پیدائش ویسے ہی ہو گی جیسے کہ حضرت آدم علیہ السلام کو پیدا فرمادیا یہ ہماری قدرت ہے ہم جس طرح چاہیں کر سکتے ہیں ہم کہتے ہیں کن "ہو جا" توفیکون" وہ ہو جاتا ہے" لہٰذا تم ہمارے اس احسان پر راضی ہو کر اطاعت کی بجا اوری میں رکوع و سجود کریں اور ہمارے سامنے جھکنے والوں کے ساتھ جھکتی رہیں (آپ کی مزید تفصیل سورہ مریم میں ملاحظہ فرمائیں)

لیسوا سوآء من اھل الکتب امۃ قائمۃ یتلون آیت اللہ اناء الیل وھم یسجدون (ال عمران ۱۱۳:۳)

ترجمہ: یہ سارے کے سارے یکساں نہیں بلکہ ان اہل کتاب میں ایک جماعت (حق پر) قائم رہنے والی بھی ہے جو راتوں کے وقت بھی کلام اللہ کی تلاوت کرتے ہیں اور سجدے بھی کرتے ہیں

توضیح: اہل کتاب کے کچھ لوگ کتاب اللہ کی تلاوت کرتے ہیں اور اس کے سامنے سجدے کرتے ہیں جیسا کہ ترجمے سے واضح ہے جو اہل کتاب اللہ کے لئے سجدے کرنے والے ہیں ان کی اللہ نے قدردانی فرمایا ہے لہٰذا اللہ تعالیٰ اپنے ان سجدہ کرنے والے بندوں کو محبوب رکھتا ہے جو عبادت گزار ہوتے ہیں نمازیں پڑھتے ہیں، رکوع سجود کرتے ہیں ایسے ہی لوگ برگزیدہ ہیں

التائبون العبدون الحمدون السائحون الرکعون السجدون الامرون بالمعروف والناھون عن المنکر والحفظون لحدود اللہ وبشر المؤمنین (التوبہ ۱۱۲:۹)

ترجمہ: وہ ایسے ہیں جو توبہ کرنے والے، عبادت کرنے والے، حمد کرنے والے، روزہ رکھنے والے، (یا راہ حق میں سفر کرنے والے) رکوع اور سجدہ کرنے والے، نیک باتوں کی تعلیم کرنے والے اور بری باتوں سے منع کرنے والے اور اللہ کی حدوں کا خیال رکھنے والے ہیں اور ایسے مومنین کو آپ خوش خبری سنا دیجئے

توضیح: اللہ تعالیٰ نے مومنین کی صفات بیان فرمائی ہے اور انہیں بشارت سنائی گئی ہے جو ان صفات سے متصف ہو گا وہ ہمیشہ سر بلندی اور سرخروئی حاصل کرے گا آج مسلمان ان صفات سے کورے ہیں اس لئے ذلت ورسوائی ان کے سر چڑھی ہوئی ہے اللہ تعالیٰ ان مذکورہ صفات کو اپنانے کی توفیق عطا فرمائے آمین

محمد رسول اللہ والذین معہ اشداء علی الکفار رحماء بینھم تراھم رکعا سجدا یبتغون فضلا من اللہ ورضونا سیماھم فی وجوھھم من اثر السجود (الفتح:۲۹)

ترجمہ: محمد اللہ کے رسول ہیں اور جو لوگ ان کے ساتھ ہیں وہ منکروں پر سخت ہیں اور آپس میں مہربان ہیں تم ان کو رکوع میں اور سجدہ میں دیکھو گے، وہ اللہ کا فضل اور اس کی رضامندی کی طلب میں لگے رہتے ہیں ان کی نشانی ان کے چہروں پر ہے سجدوں کے اثر سے

ولقد نعلم انک یضیق صدرک بما یقولون فسبح بحمد ربک وکن من السجدین (الحجر ۱۵:۹۸)

ترجمہ: ہمیں خوب علم ہے کہ ان باتوں سے آپ کا دل تنگ ہوتا ہے آپ اپنے پروردگار کی تسبیح اور حمد بیان کرتے رہیں اور سجدہ کرنے والوں میں شامل ہو جائیں

توضیح: مکہ کے کفار و مشرکین نے نبی اکرم ﷺ کو ایذا و تکلیف دینے اور ستانے میں کوئی کسر باقی نہ رکھی تھی جس سے آپ ﷺ کو روحانی تکلیف ہوئی تھی، اللہ تعالیٰ تو

(المرسلت ۴۶:۷۷ سے ۵۰) ترجمہ: (اے جھٹلانے والو) تم دنیا میں تھوڑا سا کھالو اور فائدہ اٹھالو۔ بے شک تم گنہگار ہو اس دن جھٹلانے والوں کے لیے سخت ہلاکت ہے ان سے جب کہا جاتا ہے کہ رکوع کرلو تو نہیں کرتے اس دن جھٹلانے والوں کی تباہی ہے اب اس قرآن کے بعد کس بات پر ایمان لائیں گے؟

توضیح: کافر ومشرکین اللہ تعالیٰ کے فرمان کی مخالفت کرتے ہیں اس کو جھٹلاتے ہیں ایسے لوگوں کے لئے اللہ تعالیٰ نے سخت ہلاکت کا مقام رکھا ہے ویل جہنم کا ایک بھیانک درجہ ہے جہاں جہنمیوں کے لہو اور پیپ بہہ کر جائیں گی (اللہ کی پناہ) کیوں کہ انہیں رکوع سے نفرت تھی یعنی جب ان سے نماز کے لئے کہا جاتا ہے تو وہ لوگ نماز نہیں پڑھتے ہیں آج کتنے مسلمان ہیں جن کو رکوع وسجود و نمازوں سے محرومی ہے افسوس

رب اجعلنی مقیم الصلوٰۃ ومن ذریتی ربنا وتقبل دعا ربنا اغفرلی ولوالدی وللمومنین یوم یقوم الحساب واخر دعوانا ان الحمد للہ رب العلمین

* * *

دلوں کے بھیدوں کو جانتا ہے اس لئے آپ ﷺ کی دلی تسکین کے لئے آیات مذکورہ نازل فرمائی اللہ تعالیٰ کی عبادت کرنے سے قلبی و روحانی سکون ملتا ہے جو لوگ نمازیں نہیں پڑھتے، رکوع و سجود سے محروم ہیں انہیں کبھی بھی سکون میسر نہیں ہوتا ہے

والق مافی یمینک تلقف ماصنعوا انما صنعوا کید سحر ولا یفلح الساحر حیث اتی فالقی السحرۃ سجدا قالوا امنا برب ھرون وموسیٰ (طٰہٰ ۷۰:۲۰)

ترجمہ: اور تیرے دائیں ہاتھ میں جو ہے اسے ڈال دے کہ ان کی تمام کاریگری کو وہ نگل جائے، انھوں نے جو کچھ بنایا ہے یہ صرف جادوگروں کے کرتب ہیں اور جادوگر کہیں سے بھی آئے کامیاب نہیں ہوتا اب تو تمام جادوگر سجدے میں گر پڑے اور پکار اٹھے کہ ہم تو ہارون اور موسیٰ (علیہما السلام) کے رب پر ایمان لائے

توضیح: اللہ تعالیٰ نے حضرت موسیٰ علیہ السلام اور حضرت ہارون علیہ السلام کو معجزات نشانیاں لے کر ظالم فرعون کے پاس بھیجا جو اپنے آپ کو رب کہتا تھا تو اس نے ان معجزات کو جادو کہا اور موسیٰ علیہ السلام کو جادوگر، آخر ایک دن فرعون نے سارے جادوگروں کو حضرت موسیٰ علیہ السلام کے مقابلہ کے لئے اکٹھا کیا اور ایک میدان میں سارے لوگوں کے مجمع میں جب جادوگروں نے اپنا اپنا جادو دکھانا شروع کیا تو جادو کے اثر سے رسیاں حرکت کرنے لگیں تو اس کے بعد حضرت موسیٰ علیہ السلام نے بھی اللہ کے حکم سے اپنا عصاء لاٹھی زمین میں ڈال دی تو وہ سانپ بن کر سارے کے سارے جادوگروں کی رسیوں کو کھا گئی ان کے جادو کو اللہ تعالیٰ نے نیست و نابود کر دیا پھر کیا تھا اللہ کے اس معجزہ کو دیکھ کر خود سارے لوگ اور جادوگر ایمان لے آئے اور اللہ تعالیٰ کے سامنے سجدے میں گر پڑے اسی واقعہ کا آیات مذکورہ میں سجدہ کا ذکر ہے

کلوا وتمتعوا قلیلا انکم مجرمون ویل یومئذ للمکذبین واذا قیل لھم ارکعوا لا یرکعون